I0102792

राजनैतिक दुर्दशा एवं समाधान

हर्ष देव कुमार डा. रविप्रकाश आर्य

VEDIC SCIENCE
सर्वज्ञानमयो वेदः
Indian Foundation For Vedic Science

इण्डियन फाऊण्डेशन फॉर वैदिक सांइस

1051, सैक्टर –1, रोहतक, हरियाणा

फोन: 09313033917, 09650183260

ईमेल: vedicscience@rediffmail.com

वेबसाईट: www.vedascience.com

द्वितीय संस्करण

कलियुग 5117 (ईस्वी सन् 2014)

कल्पवर्ष : 1,97,29,49,117

ब्राह्मयुग:15,50,21,97,49,117

ISBN No. 81-87710-52-7

ज्ञान का दीप जलाएं रखूंगा

हे भारतीय युवक,
　　ज्ञानी—विज्ञानी
मानवता के प्रेमी
　　संकीर्ण तुच्छ लक्ष्य
की लालसा पाप है।
　　मेरे सपने बड़े,
मैं मेहनत करूंगा
　　मेरा देश महान हो,
धनवान हो, गुणवान हो
　　यह प्रेरणा का भाव अमूल्य है,
कहीं भी धरती पर,
　　उससे ऊपर या नीचे
दीप जलाए रखूंगा
　　जिससे मेरा देश महान हो।

　　　　　　　 – *ए०पी०जे० अब्दुल कलाम*

- एक कुशल शिक्षक से कमजोर छात्र जो सीख पाता है, उसकी तुलना में एक होशियार छात्र कमजोर शिक्षक से कहीं अधिक सीख सकता है।

- अपने जीवन का उच्चतम तथा श्रेष्ठतम लक्ष्य रखो और उसे प्राप्त करो।

- सरलता तथा परिश्रम का मार्ग अपनाओं, जो सफलता का एक मात्र रास्ता है।

- सभी बुद्धिमान मनुष्य अपने को दुनिया के अनुरूप ढाल लेते है। सिर्फ कुछ ही लोग ऐसे होते है, जो दुनिया को अपने अनुरूप बनाने में लगे रहते हैं। दुनिया में सारी तरक्की इन दूसरे तरह के लोगों पर ही निर्भर होती है, जो हमेशा कुछ नया कर परिवर्तन लाने में लगे रहते है।

- तुम जहां जा रहे हो उसके बारे में जानो। दुनिया में यह जानना इतना महत्वपूर्ण नहीं है कि हम कहां खड़े है बल्कि यह देखो कि हम किस दिशा में जा रहे है।

- माँ सम्भावना को जन्म देती है, आचार्य उसे सम्भव में बदलने का सामर्थ्य रखता है।

- जो नई परम्परा का निर्माण करते हैं उन्हें पुरानी परम्परायें ही राहे देती हैं।

- जिनको दूसरों को रास्ता दिखाना होता है वो अपना रास्ता स्वयं तलाशते है।

- आत्मविश्वास कठिन कार्यों को भी सरल बना देता है।

विषय–सूची

भूमिका

यदि हम अपने भारत देश के पिछले 5 हजार वर्षों पर नजर डालें तो मालूम पड़ेगा कि हमने बहुत से कष्ट झेले हैं, हमारे देश को बहुत सी बार लूटा गया, हमारी संस्कृति बिगाड़ी गयी। आडम्बरों से भरे ग्रन्थों को हमें पढ़ाया गया। कुरीतियां चलायी गयी। विदेशियों ने हमें पूर्णतया बदलने के लिए, हमारी रीति–रिवाज, सभ्यता संस्कृति को बदलने के लिए धर्म परिवर्तन कराये। अपनी असभ्यता, अपनी तुच्छ शिक्षा थोपी। हमारा इतिहास बदला गया। हमारी शिक्षा पद्धति विदेशियों ने अपने अनुसार थोपी। यानि की हमें सभ्य से असभ्य बनाने का पूरा कार्यक्रम उन्होंने किया और यह प्रचार–प्रसार किया कि भारतीयों को सभ्यता हमने सिखायी, विज्ञान आदि हमने दिया। हम ठीक हैं एवं भारतीय धूर्त हैं। भारतीयों ने विदेशी शासकों के खिलाफ आवाज उठायी पर उन्होंने इस आवाज को जोर जबरन दबा दिया। बहुत से भारतीयों ने विदेशी–ताकत के विरूद्ध अहिंसा का रास्ता अपनाकर, हथियार उठाकर और क्रान्ति का रास्ता अपनाकर आवाज उठायी। साथ ही साथ हिटलर जैसों ने अग्रेजों की ताकत कम कर दी और नेता सुभाषचन्द्र बोस को सहायता दी, जिससे हमारे अनेकों क्रान्तिकारियों ने अंग्रेजों की नींव हिला दी। लेकिन सन् 1947 में अंग्रेजों ने देश की बागडोर उनके ही हाथों दी जो अंग्रेजों की सभ्यता से प्रभावित थे, उनके प्रभाव में थे। क्रान्तिकारियों के बारे में, उनके विचारों को किसी ने महत्व नहीं दिया। अंग्रेज चाहते थे कि भारत तेजी से विकास न करें। यह देश धर्म, जाति में बंटकर झगडों में फंसा रहे। भारत में लागू इतिहास और शिक्षा विभाजन ही सिखाती रहे। देखो भाईयों ऐसा ही हो रहा है, इन नेताओं ने

लेागों को जाति –धर्म में बांटने का काम अंग्रेजों की नीति अनुसार ही चला रखा है और क्रान्तिकारियों को बताया जाता है आंतकवादी। आज देश के हालत अच्छे नहीं। हमें क्रान्तिकारियों के विचारों को फिर से देश वालों को बताना है। उनके कार्यों और सपनों को पूरा करना है। देश की हर समस्या – बेरोजगारी, भुखमरी, गरीबी, आतंकवाद – का हल एक ही है, वह है देश की राजनीति सही हो जाए ये नेता सुधर जाएं। जो भी नियम–कायदे कानून देश के भीतर हैं, वे अंग्रेजों के बनाए हुए हैं जो उनकी सुविधा अनुसार थे। आज भी वे सब इन नेताओं की सुविधा अनुसार है। हमें इनको बदलना है। आज हमें अनेकों क्षेत्र में सुधार करने की जरूरत है, तभी देश आगे बढ़ पायेगा, तभी हमारी संस्कृति की रक्षा हो पायेगी, तभी हम सभ्य हो पायेगें वरना जैसा विदेशियों ने असभ्य कर छोड़ दिया था वैसे के वैसे ही असभ्य रहेगें। देश में बहुत सी कुरीतियां है, अनेकों क्षेत्रों में भारत गम्भीर समस्यायें झेल रहा है, हमें इन क्षेत्रों में क्रान्तिकारी कार्य करने हैं एवं करवाने हैं तभी यहां शान्ति की राह कायम होगी, वरना वो दिन दूर नहीं जब हमारे देश के कई टुकड़े होकर हम पूर्णतः बिखर जाएगें। हमें पूर्ण स्वराज चाहिए। अंग्रेजों के एक उपनिवेश के रूप में हमें सत्ता का हस्तान्तरण किया गया। भारतीय स्वतन्त्रता अधिनियम 1947 पढ़ लिजिए। सब स्वतः स्पष्ट हो जायेगा। इस तरह हमें कोई आजादी नहीं मिली हैं। अब भी हम अग्रेजों के उपनिवेश हैं। इस तरह से हमें अधकचरी आजादी मिली हैं। हमें फिर क्रान्ति लानी होगी। हमें फिर से क्रान्तिकारियों की तरह आवाज बुलन्द करनी होगी। कोई आवाज न सुने तो हथियार भी उठाने होंगे। हमें बढ़ना है क्रान्ति से शान्ति की ओर। एक नई क्रान्ति से हमेशा विकास होता है, शान्ति की ओर बढ़ा जाता है यदि क्रान्ति देश भक्ति के लिये हो मानवता के लिये हो, विज्ञान को अध्यात्म से जोड़ने के लिये हो।

आजादी से पहले देश में दो प्रकार के राजनैतिक दल थे जो आजादी के लिए अंग्रेजों के खिलाफ आन्दोलन कर रहे थे एक दल नरम दल था, दूसरा दल गरम दल था। मेरी दृष्टि में नरम दल के सदस्य अंग्रेजी भारतीय थे तथा अंग्रेजों की नीति से कही न कहीं प्रभावित थे। इस दल के मुख्य नेता जैसे मोती लाल

नेहरू, पं0 जवाहर लाल नेहरू यह चाहते थे कि बस देश का प्रधानमंत्री भारतीय को बना दे और नीतियां अंग्रेजों की ही चलती रहे। दूसरा आन्दोलनकारी दल गरम दल था, जो की भारतीय ही था जिसके सदस्य, सुभाषचन्द्र बोस, गोखले, अरविन्द घोष, लाला लाजपत राय, भगत सिंह, सुखदेव, चन्द्रशेखर आजाद आदि क्रान्तिकारी थे जो की पूर्णतः भारतीय संस्कृति के रखवाले थे। अंग्रेजों ने जो 1947 में जो सत्ता का हस्तान्तरण किया वो अंग्रेजी भारतीयों के हाथों में किया न कि भारतीयों के हाथों में, आप खुद देखो कि आजादी के बाद कितने क्रान्तिकारी भारतीयों को राजनीति में हिस्सेदारी मिली। यदि भारतीयों के हाथ में सत्ता आती तो आज देश पहले पायदान पर होता। मैकाले पद्धति तभी खत्म हो जाती। हम आजाद होने का स्वपन दिखाया गया किन्तु पूर्णतः आजादी नहीं मिली। बस गोरे अंग्रेज काले अंग्रेजों का अपना प्रतिनिधि बनाकर चले गये। एक ईष्ट इण्डिया कम्पनी चली गई। बाकी 126 कम्पनियाँ भारत का पैसा बटोरकर इग्लैण्ड पहुँचाने के लिये यहीं जमीं रहीं। अब तो ऐसी कम्पनियों की संख्या हजारों में हो गई है।

आज हमें फिर से एक नई क्रान्ति की जरूरत है वरना भारतीय संस्कृति, सभ्यता, भाषा खत्म होने में अधिक वर्ष नहीं लगेगें।

दुर्दशा एवं समाधान

1947 में अंग्रेजों के एक उपनिवेश के रूप में हमें सत्ता का हस्तान्तरण किया गया था। जब से आज तक अलग—अलग क्षेत्रों में बहुत कुछ प्रगति की है लेकिन उस रफ्तार से नहीं की जैसे कि जापान, जर्मनी, चीन आदि देशों ने की है। 1947 के आस—पास जापान जैसे देश में गरीबी का प्रतिशत हमसे भी अधिक था, वहाँ भुखमरी थी चाहे तो आप उस समय के आंकड़े देख सकते हैं। यदि जनसंख्या की बात करें तो कहा जाता है कि हमारे देश में जनसंख्या बहुत अधिक है जो कि प्रगति में बहुत बड़ी बाधक है। परन्तु जनसंख्या चीन में हमसे भी अधिक है। हमारे यहाँ प्राकृतिक संसाधन बहुत अधिक है जैसा कि जापान में तो हैं ही नहीं, चीन में, जर्मन आदि में हमसे भी कम है, कृषि योग्य भूमि हमारे यहाँ अधिक है, ब्रेनपावर हमारे यहाँ अधिक है, तो फिर ऐसा क्या कारण है कि जो वृद्धि, उन्नति, प्रगति देश को करनी चाहिए थी वो नहीं की? इसके हमारे यहाँ विभिन्न राजनैतिक गम्भीर कारण हैं जैसे कि आतंकवाद, भ्रष्टाचार, अंग्रेजी कानून व्यवस्था एवं इन सब का मूल कारण है भ्रष्ट राजनीतिज्ञ। भ्रष्ट राजनीतिज्ञों के कारण ऐसे बहुत से क्षेत्र हैं जिनमें हम प्रगति नहीं कर सके, जैसे, विद्युत एवं जल क्षेत्र, विज्ञान एवं शिक्षा क्षेत्र, राष्ट्रभाषा एवं अध्यात्म, कृषि एवं ग्रामीण विकास क्षेत्र, स्वास्थ्य एवं पर्यावरण क्षेत्र, सैन्य ताकत आदि क्षेत्र।

ये सब ऐसे क्षेत्र हैं जहाँ पर हम बिना विघ्न के अपने पैर पसार सकते थे। भ्रष्ट राजनेताओं के कारण जनता भी भ्रष्ट हो चली है चूँकि जिस देश में जैसा राजा होगा वहाँ की प्रजा भी वैसी ही होगी। हिटलर कहता है कि ''भ्रष्ट जनता को हन्टर के बल पर काबू रखा जाता है।'' यह कहना गलत न होगा कि भारत वर्ष की उन्नति न हो पाने का कारण भारत वर्ष में धर्मात्मा और देशभक्त

शासकों का अभाव रहा है।

राज्ञि धर्मणि धर्मस्य पापे पापी, समे समा।
राजानमनु वर्तन्ते यथा राजा तथा प्रजा।।

अर्थात राजा के धर्मात्मा होने पर प्रजा धर्मात्मा, पापी होने पर पापी, सम होने पर सम बन जाती है। प्रजा तो राजा के चरित्र का अनुसरण करती है। जैसा राजा होता है, वैसी प्रजा बन जाती है।

भ्रष्ट राजनीतिज्ञों के कारण धीरे–धीरे बहुत सी समस्यायें हम सबके सामने आ खड़ी हो गयी है जिनमें गन्दी चुनाव प्रणाली, आतंकवाद, बेरोजगारी, गरीबी एवं भिक्षावृत्ति, भ्रष्टाचार आदि के साथ–साथ राजनेताओं की उच्च आर्थिकदशा, अच्छे विधि विधान का अभाव, राष्ट्रीयता का अभाव आदि बहुत सी समस्याएँ हैं।

हमारे देश में आज वर्तमान राजनीति एवं चुनाव प्रणाली, सिद्धान्त हीन, अपराधयुक्त एवं भ्रष्टाचार में लिप्त है। नेता स्वार्थी हैं, अनेकों नेता चोर, डाकू, हत्यारे, देशद्रोही हैं, वे अयोग्य, ज्ञान विज्ञान रहित हैं। ऐसे नेता क्या देश का विकास कर सकेंगे? भ्रष्ट नेता कहते हैं, हम ईमानदार हैं, यदि गलत हैं तो हमे जनता ने क्यों चुना? सांसद/विधायक चुनकर तो जनता ही भेजती हैं। यदि जनता भ्रष्ट सदस्य को न चुनकर भेजे तो भ्रष्ट व्यक्ति सांसद/विधायक ही न बने आदि। इसके जवाब मे हम कहना चाहते है कि हमारी चुनाव प्रणाली इतनी खराब है कि भ्रष्ट एवं गन्दे लोगों को नकारने का उसमें कोई प्रावधान नहीं। यही कारण है कि लोग राजनीति से घृणा करने लगे है तथा वो वोट डालने ही नही जाते, लेकिन हाँ गलत लोग, लालची, भ्रष्टों से जुड़े लोग जरुर वोट डालते हैं, इस प्रकार यदि नेता सबसे अधिक वोट प्राप्त कर ले चाहे यह 10% ही क्यो न हो, वह विजयी माना जाता है, उस क्षेत्र की जनता का प्रतिनिधि माना जाता हैं। इस प्रकार जब वह विजयी प्रतिनिधि 90% जनता की नापसन्द है तो जनता का प्रतिनिधि कैसे? तुमको 10% वोट मिलें, तुम भ्रष्ट हो और कहते हो जनता भ्रष्ट है। जनता के पास कोई चारा नहीं। कोई छोटा चोर, कोई बड़ा चोर चुनाव लड़ता है, इनके कारण जनता वोट नही डालती, तो कहीं पार्टी नीतियो के कारण वोट नही डालती,

तो कुछ जनता अज्ञानता के कारण वोट नही डालती आदि। जो वोट डालतें हैं उनमें से कुछ को भ्रष्ट लोग बहका लेते है, जो अनपढ़ है, कुछ को डरा लेते है, कुछ को (5–7%) धन का लालच देते है, कुछ पार्टी भक्त (10–12%) हैं इसलिए वोट देते है। कुछ प्रत्याशी से सम्बधित हैं, स्वार्थ में जुड़े है तो वोट देते है। बड़ा तबका जो विजय के लिए निर्णायक है, ईमानदार देश भक्त है, वो दुःखी है, वोट नही डालता।

जनता सीधी, ना समझ है चूंकि हम छोटे से स्वार्थ में, जाति के नाम पर उनके पीछे लग जाते हैं। वरना जनता को एक जुट हो कर उनका विरोध करना चाहिए। हमें संसद का घेराव कर नेताओं को देशहित में क्रान्तिकारी निर्णय लेने के लिये मजबूर कर देना चाहिए। दुर्भाग्य की बात है, जैसा राजा वैसी प्रजा का सूत्र यहाँ लगता है। कुछ जनता भी भ्रष्टाचारी हो गयी है। नहीं तो बतायें कितने लोग ईमानदारी से काम करते हैं, कितने लोग जल का सदुपयोग करते हैं, कितने धर्मात्मा दानी है, कितने समाज सेवी हैं आदि। कुछ लोग ही सदाचारी, सच्चे, देशभक्त हैं तथा उनको ही आगे आना होगा। माना ईमानदार देशभक्त क्रान्तिकारी 10 प्रतिशत है तो ये ही लोग देश को बचा सकते हैं, उनको सुधारना है 90 प्रतिशत जनता को या मुट्ठीभर राजनेताओं को। 90 प्रतिशत मतलब 90 करोड़ जनता को सुधारना 10 प्रतिशत यानि 10 करोड़ देशभक्तों के लिये कठिन होगा, मुट्ठीभर राजनेताओं को सुधारने की तुलना में, और ये पक्का है कि इन 90 प्रतिशत जनता में या मुट्ठीभर राजनेताओं में कुछ भी सुधर जाए तो हमारा देश आने वाले कुछ समय में ही सब देशों से आगे होगा। मुट्ठीभर राजनेताओं को ही सुधरने का बेड़ा हम सब देशभक्तों को उठाना होगा तथा यह जान लो कि **"किसी भी देश का पतन भ्रष्ट लोगों के कारण नहीं होता अपितु देशभक्त, सच्चे लोगों के निष्क्रिय हो जाने से होता है।"** हमें यह सोचकर नहीं बैठे रहना चाहिए कि सारी दुनिया बेकार हो गयी है। अब कुछ नहीं होगा। जो करेगा ईश्वर करेगा। ये बात सोचना गलत है।, ईश्वर स्वयं नहीं आयेगा देश सुधार करने को। हमारे देश की 95 प्रतिशत जनता भ्रष्ट राजनीतिज्ञों से परेशान है वह व्यवस्था परिवर्तन चाहती है।

आज यदि सांसद/विधायक से अलग आम आदमी जनता हित की, देश हित की बात कहता है तो उस पर भ्रष्ट नेताओं द्वारा विभिन्न आरोप लगाये जाते हैं। मानों कि देश में बोलने का अधिकार बस सांसद/विधायक का ही है बाकी सब गुलाम हों? आज जनता को केवल 5 वर्ष में वोट डालने का अधिकार है और कुछ नहीं। क्या लोकतंत्र में जनता को भागीदारी का अधिकार नहीं होता? होता है, तो उसकी भूमिका क्या है? 5 वर्ष में बस एक बार वोट डालना? समावेशी विकास की तरह समावेशी लोकतंत्र क्यों नही हो सकता, जिसमें जनता की निरंतर भागीदारी हो? जरुरत इस बात की है कि हमारा लोकतंत्र और नीचे तक जाए। जनता को छुए, उससे मशवरा करे। चाहे देश में बड़ा कानून बने या चुनाव लड़ने वाले प्रतिनिधि के चुनाव की बात हो या अन्य फैसले हों सभी जगह जनता का मशवरा अहम होना चाहिए। जनता के प्रतिनिधि जनता के प्रति जवाबदेह होने चाहिये।

आज राजनीति में बहुत से लोग ऐसे हैं जो कि जनता के अधिकार केवल अपने तक रखना चाहते हैं, यह तो तानाशाही है लोकशाही नहीं। जरा सोचो राजनीति में कौन लोग हैं? पार्टियों के प्रत्याशी कौन तय करता है? पार्टियॉ जब राष्ट्रीय स्तर पर फैसले करती हैं, तब क्या वे निचले स्तर के कार्यकर्ताओं से परामर्श करती हैं? क्यो न पार्टियॉ अपने प्रत्याशी तय करते वक्त मतदाता से राय लेना शुरु करें, जैसा अमेरिका में होता है? आज जरूरत है कि लोकतांत्रिक प्रणाली में ही नहीं पार्टियों के आन्तरिक लोकतंत्र में भी बदलाव होना चाहिए।

आज चुनाव प्रणाली में बहुत खामियां हैं जैसे–(1) आदर्श आचार संहिता में कठोरता की कमी के कारण प्रत्याशी का बगल के रास्ते से इसका लाभ उठा लेना। (2) चुनाव लड़ने के लिये प्रत्याशियों की शैक्षणिक योग्यता तय न होना। (3) चुनाव खर्चों का निर्धारण एवं उस पर कोई नियत्रंण न होना (4) चुनाव का उचित मौसम निर्धारण न होना, (5) चुनाव में कदाचार, को अपराध न मानना।

पार्टियों के आन्तरिक लोकतंत्र में बदलाव

चुनाव आयोग प्रत्येक पार्टी को निर्देश देवे कि –

1. पार्टियां अपने प्रवक्ता, राष्ट्रीय सचिव, अध्यक्ष उन लोगों को बनाये जो चुनाव न लड़ें या 65 वर्ष के बाद राजनीति से सेवा निवृत्त (रिटायर्ड) हो गये हों।
2. अपराधी गतिविधि व धन स्रोतों के खुलासे का हलफनामा पार्टी पहले ले।
3. मंत्री पद का दावेदार उसे ही घोषित करें जो उस मंत्रालय की विशेषज्ञता रखता हो अर्थात् जीवन में पहले इस प्रकार के कार्यों का अनुभव हो।
4. 5 वर्ष सदस्य रह चुके व्यक्ति को ही चुनाव लड़ने का मौका देवें।
5. पार्टी अध्यक्ष योजना 10 वर्ष से अधिक नही आदि।

अच्छे प्रत्याशियों का चयन कैसे किया जाए?

चुनाव आयोग प्रत्येक पार्टी को निर्देश देवे कि चुनाव आयोगानुसार पार्टी के आन्तरिक नियम बनाकर प्रत्याशियों का निम्न प्रकार चुनाव करें।

1. किसी क्षेत्र मे व्यापक प्रचार करके प्रत्याशियों के आवेदन आमन्त्रित किया जायें कोई भी व्यक्ति या तो अपने क्षेत्र के किसी अच्छे व्यक्ति को प्रत्याशी के रुप मे प्रस्तावित कर सकता है या खुद को प्रत्याशित कर सकता है। इस तरह से प्रचार करके प्रत्याशियों के नाम मंगवाने से अच्छे लोगो को चुनाव लड़ने का मौका मिलेगा। जो आज तक पैसे के अभाव मे नही लड़ पाते थे।
2. सभी आवेदनकर्ताओं को एक फॉर्म भरना होगा, जिसमें उन्हें अपने खिलाफ चल रहे भ्रष्टाचार और अपराध के सभी मामलों, अपने खिलाफ लगाये गये सभी आरोपों, अपनी तथा अपने परिवार की आय के सभी स्रोतों और उनकी राशि अपनी और

अपने परिवार की सम्पत्ति और अभी तक समाज के लिए किये गये सभी कार्यो का ब्यौरा देना होगा।

3. ये सभी फॉर्म, लोग वेबसाइट के जरिये अथवा पार्टी के किसी भी स्थानीय अथवा केन्द्रीय दफ्तर में जमा कर सकते है। ये सभी फॉर्म संसदीय चुनावों में केन्द्रीय दफ्तर मे मंगवा लिये जाएँ और विधान सभा चुनाव मे उस राज्य के दफ्तर में मंगवा लिये जाएँ।

4. ये सभी फॉर्म उस विधान सभा अथवा संसदीय क्षेत्र की समिति को भेजे जाएँ।

5. समिति फॉर्मों में दिये गये सभी तथ्य सही है या नही इसकी तहकीकात करे। हर फॉर्म की अपनी एक जाच रिपोर्ट बनाए। समिति अपनी बैठक करके हर उम्मीदवार के बारे में अपनी टिप्पणी और सिफारिस भी करे। यदि किसी उम्मीदवार पर समिति के किसी भी सदस्य का भिन्न मत होता है तो वे सभी भिन्न–भिन्न मत भी रिपोर्ट मे दर्शाये जाएँ।

6. अन्य बातों के अलावा समिति प्रत्येक उम्मीद्वार के बारें में कम से कम निम्न बातों पर तो जरुरी टिप्पणी करेगी –

   क. उस क्षेत्र में उस उम्मीवार की छवी कैसी है?

   ख. क्या उस उम्मीद्वार को तथा उसके कार्यो के बारे मे आम जनता जानती है? यदि हॉ तो कितने क्षेत्र में उनका प्रभाव है? और वह प्रभाव कैसा हैं? अच्छा या बुरा।

   ग. क्या उस उम्मीदवार के खिलाफ भ्रष्टचार या अपराध के पुलिस अथवा न्यायालय में कोई मामले चल रहे हैं? यदि हॉ तो उनका ब्यौरा।

   घ. क्या उस उम्मीदवार के खिलाफ भ्रध्टाचार अथवा अपराध के कभी आरोप लगे थे? जनता के बीच में उन अरोपो को लेकर क्या छवी हैं? क्या जनता उन आरोपो को सही मानती है या गलत?

   ङ. उसके आय स्रोत क्या–क्या है और स्रोतो के बारे में जनता के बीच छवि गलत तो नही है?

च. वह उम्मीदवार नशा करके अपने परिवार तथा समाज को परेशान तो नही करता?

छ. क्या उस उम्मीदवार के चरित्र को लेकर कभी प्रश्न उठे थे? यदि हॉ, तो उनका ब्यौरा।

ज. क्या उस उम्मीदवार ने कभी किसी सांप्रदायिक गतिविधि मे हिस्सा लिया? क्या उस उम्मीदवार का सभी धर्मो के प्रति समान आदर है? क्या उस उम्मीदवार ने किसी जाति या धर्म के खिलाफ घृणा फैलाने का काम तो नहीं किया?

झ. क्या उस उम्मीदवार ने किसी सुनियोजित हिंसा मे हिस्सा लिया?

7. एक स्क्रीनिंग कमेटी का गठन किया जाए संसदीय चुनावों के लिए राष्ट्रीय स्तर के कुछ गण्य–मान्य लोग और नेशनल वर्किंग कमेटी के कुछ सदस्य इसमें होगें। विधानसभा चुनावों के लिए उस राज्य के स्तर पर इसी तरह से एक समिति का गठन किया जाये।

8. उपर्युक्त प्राप्त सभी उम्मीदवारों की रिपोर्टो को स्क्रीनिंग कमेटी के समक्ष रखा जाएगा । स्क्रीनिंग कमेटी का काम उम्मीदवारों का चयन करना नही होगा, बल्कि गलत उम्मीदवारों को लिस्ट में से निकालना होगा। स्क्रीनिंग कमेटी चाहेगी तो किसी भी मामले में अलग से जांच भी करा सकती है।

9. स्क्रीनिंग कमेटी द्वारा हटाये गये उम्मीदवारों के बाद जो उम्मीदवार बचतें हैं उनकी शॉर्ट लिस्ट तैयार कि जाएगी।

10. इन सब के नाम वेबसाइट पर भी डाले जाएंगे और जनता से पूछा जाएगा कि यदि जनता के पास इनमें से किसी के खिलाफ कोई सबूत है तो वो सबूत स्थानीय दफ्तर में अथवा वेबसाइट पर हमे भेज सकते हैं। या चुनाव आयोग को भेज सकता है।

11. जनता से मिले सबूतों को फिर से स्क्रीनिंग कमेटी के समक्ष रखा जाएगा। स्क्रीनिंग कमेटी अगर किसी सबूत को ठीक पाती है तो वो उन सबूतों के आधार पर गलत प्रत्याशियों को

रद्द कर सकती है। इसके बाद एक और शॉर्ट लिस्ट तैयार की जाएगी।

12. शोर्ट लिस्ट किये गये सभी उम्मीदवारों को चयन समिति बुलाएगी और उन्हें अलग से बैठाकर आपस मे चर्चा करने को कहेगी। उन्हें इस बात के लिए प्रेरित किया जाएगा कि वे आपस में चर्चा करके आपसी सहमति से अपने में से एक व्यक्ति को चुन लें।

13. प्रत्याशियों की इस मीटिंग में हो सकता है कि उनकी आम सहमति हो जाये और वो अपने में एक प्रत्याशी को चुन लें। ऐसा भी हो सकता है कि उनमे एक उम्मीदवार पर सहमति न हो पर कुछ उम्मीदवार अपना नाम वापिस ले लें।

14. यदि आपसी सहमति से वो अपने में से एक प्रत्याशीं को चुनने में सफल नही होते तो बचे हुए प्रत्याशियों का एक दिन का उस क्षेत्र के कार्यकर्ताओं के साथ अधिवेशन बुलाया जाएगा। उस अधिवेशन में प्रिफेंशियल वोटिंग (वरीयता मतदान) के आधार पर कार्यकर्ता वोटिंग करेगें और एक उम्मीदवार का चयन करेगें।

15. चुने हुए उम्मीदवार को जन सभाओं में निम्नलिखित वादा करना होगा और शपथ पत्र देना होगाः–

यदि में जीत गया तो–:

क. मैं लालबत्ती की गाड़ी नहीं लूंगा।

ख. मैं अपने लिए अनावश्यक सुरक्षा नही लूंगा। सुरक्षा बल नेताओं की सुरक्षा के लिए नही बल्कि आम आदमी की सुरक्षा के लिए होना चाहिए। नेता की सुरक्षा आम आदमी से ज्यादा नही चाहिए।

ग. मैं बड़ा बंगला नही लूगां। आम आदमी की तरह छोटे घर में रहूगां।

घ. मैं स्वराज्य की धारणा से पूरी तरह से सहमत हूँ कि जनतंत्र मे सत्ता सीधे जनता के पास होनी चाहिए न कि नेताओं और अफसरों के पास। ऐसा कानून लाने के लिए मैं हर कोशिश

करुँगा। लेकिन जब तक ऐसा कानून नही आता, मैं तब तक अपना हर काम अपने क्षेत्र की जनता से पूछकर करुँगा।

राजनीतिक पार्टियों के आन्तरिक लोकतंत्र की देखरेख को चुनाव आयोग द्वारा नियम कानून बनाकर पार्टियों को दिये जायें कि इनको आपकी पार्टी को मानना होगा जैसे– प्रत्येक पार्टी को अपना जन लोकपाल बनाना होंगा, परिवार के दो सदस्य एक पार्टी से चुनाव नही लड़ सकेगें, चुनाव लड़ाने से पहले प्रत्याशी का चुनाव पार्टी कार्यकर्ताओं से (ऊपर बताया गया है) वोट कराकर कराना होगा इसके लिए पार्टी का अपना चुनाव आयोग होगा आदि। इस प्रकार प्रत्येक पार्टी नियम बनाये तथा चुनाव आयोग के अधिकार बढाकर चुनाव आयोग को भी प्रत्याशी जांच करने के पूरें अधिकार मिलें।

चुनाव प्रणाली में बदलाव/सुधार

1. वापिस बुलाओ कानून (Right to Recall)

500 ईसा पूर्व प्राचीन एथेंस सभ्यता में सबसे पहले प्रत्यक्ष लोकतंत्र की चर्चा हुई थी। उसमें जनता को अपने जन प्रतिनिधि को बदलने का अधिकार था। अभी स्विटजरलैंड में वापस बुलाओं कानून पूरी तरह से लागू है। वहाँ प्रत्यक्ष लोकतंत्र अस्तित्व में है। अमेरिका के कुल 50 राज्यों में से 22 राज्य में दो तिहाई बहुमत के साथ केवल एक बार प्रयोग करने के लिए वापस बुलाओं कानून लागू है। भारत के कुछ पंचायतों ने वापस बुलाओ प्रावधान को मान्यता दे रखी है। आपकी जानकारी के लिये बता दें कि छत्तीसगढ़ सरकार ने एक बार अपने एक विधायक को वापस बुलाने के लिए Right to Recall इस्तेमाल किया था। आज जरुरत है कि इस कानून को व्यवहार में राष्ट्रीय स्तर पर लागू किया जाये। इस कानून के बनने से राजनीति में अपराधीकरण खत्म होगा, सांसद/विधायक की जनता के प्रति जवाबदेही बढ़ेगी।

यह कानून लोकतांत्रिक प्रणाली में मान्य होता है। इसके तहत जनता के पास अपने द्वारा चुने हुए जनप्रतिनिधि को उनके कार्यकाल पूरा होने से पहले ही बीच में वापस बुलाने (Right to Recall) का अधिकार होता है। इसमें जनता प्रमाण के साथ अपने

जिला कलेक्ट्रेट के यहाँ जनमत द्वारा जनता का रुख तय किया जाता है। इस जनमत को चुनाव आयोग/प्रधानमंत्री/मुख्यमंत्री को भेज कर सांसद/विधायक आदि को वापिस बुला सकती है। मुख्यतः इस अनुमोदन का अधिकार चुनाव आयोग को दिया जाये। इसके बाद उस सांसद/विधायक को वापिस बुला लिया जाये।

इसी प्रकार से अपने उपायुक्त, पुलिस आयुक्त, PWD आदि के भ्रष्ट अधिकारियों को भी बुलाने का प्रावधान होना चाहिए। इस प्रकार का कानून अमेरिका में लागू है।

इससे जनप्रतिनिधि की गुणवत्ता सुधरेगी, अच्छे लोग राजनीति में आयेंगे, भ्रष्ट एवं अपराधी प्रवृत्ति वालों पर रोक लगेगी, जनता के प्रति जनप्रतिनिधियों की जवाबदेही बढ़ेगी जिससे वो जनता से डरकर, अच्छी तरह से जनसेवा करेंगे।

अमेरिका में यह कानून पुराना है। सन् 1921 में अमेरिका के नार्थ डैकोटा में वहाँ के गवर्नर लिन फ्रेजियर को वापस बुलाया गया। फ्रेजियर पहले अमेरिकी गवर्नर थे, जिन्हें वापस बुलाया गया। अमेरिका में गर्वनर वापसी की दूसरी घटना 7 अक्टूबर 2003 को हुई जब कैलिफोर्निया के गवर्नर जोसेफ ग्राहम डेविस जूनियर को वापस बुलाया गया। बचे हुए कार्यकाल के लिए रिपब्लिकन अर्नाल्ड श्वार्जनैगर वहां के गवर्नर चुने गये।

वेनेजुएला में राष्ट्रपति सहित किसी भी निर्वाचित प्रतिनिधि को वापस बुलाने की व्यवस्था है। 15 अगस्त 2004 को वहाँ के राष्ट्रपति ह्यगो चावेज को वापस बुलाने के लिये एक जनमत संग्रह कराया गया। यह पूरे विश्व में पहला जनमत संग्रह था, जो राष्ट्राध्यक्ष को पद से हटाने के लिए किया गया।

कुछ कुतर्कशास्त्री/भ्रष्ट नेता कहते हैं कि यह प्रणाली खर्चीली है तो हम बता दें भ्रष्ट नेताओं द्वारा लूटे गये काले धन की तुलना में उनको वापिस बुलाने के लिये खर्च किया गया धन काफी कम होगा। देश को रामराज्य की तरफ ले जाने के लिये भ्रष्टाचार खत्म करने लिये, राजनीति को शुद्ध करने के लिये इस प्रणाली में आया खर्च देश की आमदनी को कहीं अधिक बढायेगा। हाँ इस कानून को बनाने से पहले प्रत्येक व्यक्ति को वोट डालना

अनिवार्य किया जाये। मतदान का अधिकार Online भी हो ऐसी व्यवस्था होनी चाहिए।

इस कानून के आने से राजनैतिक दल भी सचेत रहेंगे। कोई भी पार्टी गलत प्रत्याशी चुनाव मैदान में नहीं उतारेगी।

2. खारिज करने का अधिकार Right to Reject

इस कानून के तहत चुनाव लड़ने वाले भ्रष्ट एवं अयोग्य उम्मीदवार का जनता द्वारा चुनाव में खारिज करने के अधिकार को Right to Reject (खारिज करने का अधिकार) कहते हैं। इस कानून के बाद वोटिंग मशीन में No Vote का बटन होगा। यदि चुनाव में कोई भी योग्य उम्मीदवार नहीं है तो हम No Vote के बटन पर No Vote करके चुनाव का बहिष्कार कर सकते हैं।

3. लोकसभा एवं विधानसभा के चुनाव एक साथ हों

आज चुनाव में सरकारी खर्च बहुत आता है अतः सरकार को चाहिए कि ये दोनों चुनाव पूरे देश में एक साथ ही कराने का कानून बना देना चाहिए। इससे सरकारी तंत्र के अरबों रुपये बचेंगे।

4. चुनाव का निश्चित माह

यदि अक्टूबर में चुनाव निश्चित कर दिये जायें, तो उत्तम होगा, यह प्रणाली ठीक नहीं कि कभी कब तथा कभी किसी माह में चुनाव कराये जाये।

5. संसद में कानून बनना (जनमत संग्रह आयोग)–

अमेरिका व अन्य कई देशों की तरह लोकसभा में कोई भी कानून बनने से पूर्व, देशों से संधि करने से पूर्व समाज शास्त्रियों द्वारा जनता के बीच सर्वे किया जाये, प्रसिद्ध विद्वानों की राय ली जाये, जब पूर्णतः जनता को विश्वास में ले लिया जाये कि बनने वाला कानून, संधि जनता, देश की जरुरत के अनुरुप है तभी संसद में वह प्रस्ताव रखा जाये तथा यह भी सुनिश्चित कर लिया जाये कि इसमें किसी जनप्रतिनिधि का या पार्टी का अपना निजी स्वार्थ तो नहीं यदि स्वार्थ सिद्ध हो तो उस जनप्रतिनिधि व पार्टी पर कानूनी कार्यवाही होनी चाहिए।

6. अपराधियों को चुनाव से रोकना

यदि आज (सन् 2013) में अपनी संसद को देखें तो बहुत से अपराधी संसद में हैं। हमारी संसद में आपराधिक मामलों के आरोपी 162 सांसदों की उपस्थिति ने अधिकांश लोगों की नजर में संसद को शर्मसार कर दिया है। सांसदों द्वारा दिए गए शपथपत्रों के अनुसार 15 वीं लोकसभा के 76 सांसद हत्या, दुष्कर्म, डकैती, अपहरण जैसे जघन्य अपराधों में आरोपी हैं। इससे भी अधिक चौकाने वाली बात यह है कि कैबिनेट मंत्रियों में से कई के खिलाफ आपराधिक मामले लंबित है। इन लोगों पर ही देश की आंतरिक और बाह्य सुरक्षा की जिम्मेदारी है। क्या हम ऐसे राजनेताओं में भरोसा कायम कर सकते हैं जिनकी व्यक्तिगत ईमानदारी और चरित्र न केवल संदेहास्पद है, बल्कि अपराधिक भी है? क्या यह हमारे संवैधानिक और लोकतांत्रिक ढांचे को प्रभावित नहीं कर रहा है? आज जरुरत है कि अपराधियों को संसद विधान सभाओं में जाने से रोका जाये।

एम0पी0/एम0एल0ए0 के लिये फास्ट ट्रक कोर्ट बने तथा अपराधिक प्रवृत्ति वाले जनप्रतिनिधियों को 6 माह में ही हटा दिया जाये। चुनाव के लिए फार्म भरते समय चुनाव आयोग उक्त प्रत्याशी की, उसके सम्बन्धियों की सम्पत्ति तथा धन स्रोतों का ब्यौरा अवश्य ले तथा आपराधिक प्रवृत्ति/रिकार्ड का कॉलम अवश्य भरवाये। विभिन्न बातों का विस्तृत ब्योरा लेवे तथा फिर चुनाव आयोग अपनी जांच एजेन्सी से गुप्त जांच करवाए तथा ऐसी जांच पार्टियों से भी करने के लिए कहे। ब्लॉक स्तर पर भी प्रमुख आदिके चुनाव में खुली धन लुटाई व अपराधिक कार्य होते है। इन पर तुरन्त रोक लगे।

7. चुनाव आयोग को पूर्णरुप से स्वतन्त्रता प्रदान की जाये

चुनाव आयुक्तों की नियुक्ति स्वतंत्र चयन समिति द्वारा हो, इससे पहले खोजसमिति द्वारा ईमानदार लोगों को चुन कर चयन समिति को भेजे जायें यह चयन समिति बहुत से खोजे गये व्यक्तियों में से चुनाव आयुक्त का चयन करे, इस पर प्रधानमंत्री

विपक्ष दल के नेता एवं सर्वोच्च न्यायालय के न्यायधीश द्वारा अन्तिम मोहर लगे। इसी के साथ चुनाव आयोग के अधिकार बढ़ायें जायें। प्रत्येक पार्टी अपनी खोज छानबीन समिति भी बनाये अर्थात् ईमानदार लोगों को ही चुनाव में उतारे।

चुनाव आयोग को अधिकार हो कि जो भी चुनाव लड़ने के लिए फार्म भरे उसकी अच्छी तरह से छानबीन होनी चाहिए। जिनके खिलाफ अपराधिक मामले चल रहे हैं उन्हें चुनाव लड़ने से रोका जाये।

बहुत उम्मीदवार नामांकन पत्र में अपनी शैक्षिक योग्यता, संपत्तियों और अपराधिक रिकार्ड के कालम को खाली छोड़ देते हैं। रिटर्निंग आफिसर को ऐसे नामांकनों को सख्ती से निरस्त कर देने का निर्देश हो।

कई बार सुनने को मिलता है कि सांसद ने नोट के बदले वोट ली, या फलां—फलां चुनाव प्रचार के दौरान लाखों रुपये पकड़े गये जो मतदाताओं को दिये जाने थे, या चुनाव अधिकारी ने किसी एक पक्ष में कार्य किया या चुनाव आयुक्त को केन्द्र सरकार के अनुसार नियुक्त किया गया।

चुनाव आयोग के अधिकार बढ़ाते हुए उसके लिए संसद मे विशेष बजट पास हो, इस प्रकार धन से चुनाव आयोग चुनाव सुधार— राजनीति सुधार के लिए गैर सरकारी संस्थाओं के माध्यम से कार्य करें तथा अपने स्तर से भी। राजनीतिक पार्टियों के आन्तरिक सुधार कराने के लिए भी चुनाव आयोग के पास अधिकार होने चाहिए। जो पार्टियाँ, राज्य में या केन्द्र में सरकार बनायें तथा घोषणा पत्र के वादों को पूरा न करें तो चुनाव आयोग जांच कर जन लोकपाल या सुप्रीमकोर्ट को अपनी रिपोर्ट भेज कार्यवाही शुरु करा सकता है।

8. चुनाव में काले धन पर रोक लगे

चुनाव सुधार की पहली आवश्यकता यह है कि चुनाव तंत्र में धन बल पर रोक लगाई जाये। उद्योगपति और अन्य धनवान लोग चुनाव में मोटा चंदा देते हैं और बाद में राजनेताओं से अपनी शर्तों पर नीतियां बनवाते हैं। राजनेताओं और राजनैतिक दलों को गैरकानूनी रुप से चंदा दिया जाता है। इस प्रकार चुनावों के

माध्यम से राजनैतिक भ्रष्टाचार लोकतंत्र को नुकसान पहुँचा रहा है। दूसरे चुनाव जीतकर बने MP/MLA मंत्री विभिन्न रुप में काला धन एकत्र कर लेते हैं जिसका प्रयोग चुनाव में तथा अपने विभिन्न उद्देश्यों में प्रयोग करते हैं। इसे रोकना चाहिये।

ब्लॉक स्तर के प्रमुखी, जिला स्तर पर जिला सदस्यों, अध्यक्षों के चुनावों में धन लेने–देने में खुली छूट होती है जो कि लाखों करोड़ों रूपयों में होती है, इसमें अपराधियों का दबदबा होता है इसके लिये चुनाव आयोग चुप क्यों है। क्या इन नेताओं के धन का ब्यौरा व उनके धन स्रोतों का पता नहीं लगाना चाहिए।

उद्योगपतियों व अन्य लोगों द्वारा 5–10 हजार से ऊपर का धन मात्र चेक से चन्दा लेने का नियम बनाया जाये। MP/MLA/मंत्री की प्रत्येक वर्ष जनलोकपाल व चुनाव आयोग से अलग–अलग सम्पत्ति की जांच व उनके अपराधों की जांच की जाये जिससे भ्रष्ट लोग राजनीति में न रह पायें तथा काला धन एकत्र न कर सकें जिससे काले धन का चुनाव में प्रयोग न हो सके। चुनाव के लिए चन्दा जनता के बीचसे एकत्र हो।

9. चुनाव वायदों के लिए नेताओ–पार्टियों की जवाबदेही तय हो

आज देश में जो भी चुनाव होते है उसमें लम्बे–लम्बे वायदे किये जाते है लेकिन पूरे करने के नाम पर नेताओं के ऊपर कोई जवाब देही नहीं है जिसका कि चुनाव आयोग को पता रखना चाहिए तथा नेता जो भी चुनावों में जनता से वायदा करें उसे स्टाम्प पेपर पर लिखकर उसकी प्रतिलिपि चुनाव आयोग को देवें ऐसा न करने वालों पर निश्चित समय बाद स्वतः ही मुकदमा चले जिसको कि फास्ट ट्रेक अदालत में सुना जाये।

यदि क्षेत्र में किसी प्रकार की विकास अव्यवस्था है, अपराध बढ़ रहे हैं तो उस क्षेत्र के एम०पी०/एम०एल०ए० के ऊपर जवाब देही होनी चाहिए। (एम०पी०,एम०एल०ए०) या जिला तहसील स्तर के नेताओं के ऊपर जवाब देही को, अपराधों में लिप्त एम०पी०/एम०एल०ए० आदि के लिये फास्ट ट्रेक अदालतों का गठन कर राजनीति को साफ–सुथरा, अनुशासित किया जाये।

10. जीत के लिये 50% वोट जरुरी हों

यह भी निराशापूर्ण बात है कि बेहद कम मत प्रतिशत के आधार पर चुनाव जीतने वाला MP/MLA बन जाता है इससे तो लोकतंत्र का मखौल उड़ता है। एक उदाहरण बताऊँ देखो 2007 में देवरिया क्षेत्र में दीनानाथ कुशवाहा मात्र 7.3% वोट पाकर ही उत्तर प्रदेश विधानसभा के लिए चुन लिए गये। यह ऑकड़ा एक सांसद का नहीं, 13वीं संसद में 99% सांसद ऐसे थे जिन्हें 50 फीसदी वोट नहीं मिले थे। 10–15% वोट हॉसिल कर चुनाव जीतने वालों की संख्या 7–8% थी। अतः यह जरुरी हो कि 50% वोट पाने वाला ही विजेता घोषित किया जाये। चाहे तो अधिकतम वोट पाये दो प्रत्याशी, (यदि वो दोनों भी 50 प्रतिशत से कम वोट पाये हो) का चुनाव दुबारा कराया जाये।

11. वोट देना अनिवार्य हो

देश में औसतन 50% जनता ही अपने मतदान का प्रयोग करते हैं। प्लूटो ने कहा था–**"जो सरकार के गठन में भागीदारी नहीं करते वे दुष्टों द्वारा शासित किए जायेंगे।"** इस परंपरा को तोड़ने के लिए अनिवार्य मतदान की व्यवस्था लागू की जानी चाहिये। यदि यह कानून लागू हो जाये तो निश्चित तौर पर मतदाताओं की संख्या में वृद्धि होगी, हां इसे भी ध्यान में रखा जाये कि वोटिंग मशीन में No Vote का बटन भी लगा हो। इस कानून के तहत मतदान न करने वाले पर उनकी आय के आधार पर (कम से कम 100 रु0) अर्थदण्ड के साथ–साथ दो दिनों की जेल का भी प्रावधान हो। इसके लिए इंटरनेट से भी मतदान की व्यवस्था हो, ताकि जो व्यक्ति बाहर हैं वे भी अपना मतदान कर सकें। इंटरनेट से मतदान लागू होने पर मतदान केन्द्रों पर भीड भी समाप्त हो जायेगी तथा मतदान में होने वाली अनियमितताओं से भी छुटकारा मिल सकेगा। पूरे विश्व में 33 देश ऐसे हैं जहॉ पर अनिवार्य मतदान का कानून लागू है। इससे अच्छे लोगों की मतदान करने की संख्या बढ़ेगी।

12. MP/MLA का चुनाव हार जाने पर राज्य सभा में सदस्यता क्यों?

हम देखते हैं कि बहुत से सदस्य जो MP/MLA का चुनाव हार जाते हैं। उन्हें किसी राज्य से राज्यसभा सदस्य बना राज्य सभा भेज दिया जाता है तथा फिर मंत्री, प्रधानमंत्री भी बना दिया जाता है। जो व्यक्ति जनता ने नहीं चुना वह मंत्री, प्रधानमंत्री क्यों बना दिया जाता है। ऐसे सदस्य जनता के प्रति अपनी जवाबदेही नहीं समझते बल्कि अपनी पार्टी के प्रति ही जवाबदेही समझते हैं।

हमारा मानना है कि जो व्यक्ति MP/MLA का चुनाव हार जाये उसे आने वाले 5 वर्षों तक राज्यसभा का सदस्य भी न बनाया जाये।

13. प्रधानमंत्री एवं राष्ट्रपति का चुनाव सीधे जनता द्वारा हो

यदि देश में राष्ट्रपति, प्रधानमंत्री, मुख्यमंत्री का चुनाव सीधे जनता द्वारा हो तो पार्टिया साफ छवि वालों को ही मैदान पर उतारेंगी तथा राष्ट्रपति, प्रधानमंत्री व मुख्यमंत्री की जनता के प्रति जवाब देही बढ़ेगी अर्थात् ये जनता की भावना की कद्र करेगें तथा निर्णय पार्टी को न देख, जनता को, देश को देखकर लेने में सक्षम होगें। जब साफ छवि वाले ईमानदार प्रधानमंत्री, मुख्यमंत्री चुनकर आयेंगे तो उनकी सलाह पर जो भी मंत्री बनेगें, उम्मीद है कि वो भी कर्त्तव्यनिष्ठ ही होंगे। अमेरिका, रूस, जर्मन देशों में राष्ट्रपति का चुनाव सीधे जनता द्वारा ही होता है।

14. प्रधानमंत्री, राष्ट्रपति, राज्यपाल, मुख्यमंत्री दो योजनाओं (10 वर्ष) से अधिक पद पर न बनें

यदि यह कानून बना दिया जाये तो उन लोगों की पार्टी विशेष से तानाशाही खत्म हो जायेगी जो पार्टी को अपनी जागीर समझते हैं तथा गद्दी से चिपके रहने के ख्वाब देखते रहते हैं।

15. MP/MLA चुनाव का खर्च सरकार उठाये

राष्ट्रीय स्तर या राज्य स्तर के चुनावों में करोड़ों रुपये का काला धन खर्च होता है जो प्रत्याशी इस प्रकार का धन खर्च करता है वह चुनाव जीतने पर उसे प्राप्त करने के लिए भ्रष्टाचार में लिप्त हो जाता है। होना तो यह चाहिए कि चुनाव खर्च सरकार

उठाये या यह हो सकता है कि चुनाव खर्च की राशि, चुनाव जीतने वाले प्रत्याशी को सरकार दे।

16. राजनीतिक पार्टियों द्वारा दान लेने का हिसाब न देने पर दलो को दण्डित करने का प्रावधान

जनप्रतिनिधि अधिनियम (आरपीए) के अनुच्छेद 29 ए (1) और (2) के अनुसार कोई भी संगठन या व्यक्तियों की इकाई खुद को राजनैतिक कह सकती है अगर वह गठन के तीस दिनों के भीतर चुनाव आयोग के पास राजनैतिक दल के रुप में पंजीकरण के लिए आवेदन करें।

अनुच्छेद ए (5) के अनुसार आवेदन के साथ संगठन या इकाई की नियमावली की कॉपी लगाना जरुरी है। इसमे पार्टी के लिए भारत के संविधान का पालन करना और समाजवाद, पंथनिरपेक्षता और लोकतन्त्र के सिद्धान्तो का पालन करना जरुरी है। इस सम्बन्ध में चुनाव आयोग का फैसला अन्तिम हो।

आरपीए के अनुच्छेद 29 सी. के अनुसार पंजीकृत राजनैतिक दलों को वार्षिक रिपोर्ट चुनाव आयोग को देना जरुरी हैं। राजनैतिक दल को आयकर से छूट तभी मिलेगी जब वह 20 हजार रुपयें से अधिक के सभी अंशदान का विवरण चुनाव आयोग को दे। दूसरा महत्त्वपूर्ण प्रावधान है कि सभी राजनीतिक दल वार्षिक वित्तीय लेखा–जोखा चुनाव आयोग को पेश करेगें। तीसरा प्रावधान यह है कि चुनाव आयोग किसी भी विवरण की मांग कर सकता है, जो राजनैतिक पार्टी के पंजीकरण के आवेदन की शर्तो के दायरें में आता हो।

एक गैरसरकारी संगठन पब्लिक इंटरेस्ट फांउडेशन (पीआइएफ) ने आरटीआइ के माध्यम से कुछ सूचनाएं मांगी, जिनके जवाब चौंकाने वाले थे। वार्षिक रिपोर्ट में 20 हजार रुपये से अधिक प्राप्तियों के सम्बन्ध में चुनाव आयोग ने बताया है कि कुल पंजीकृत 1196 राजनीतिक दलों में से मात्र 98 ने ही वार्षिक रिपोर्ट में 20 हजार रुपयें से अधिक के अंशदान का ब्यौरा दिया है। यह संख्या कुल पंजीकृत राजनीतिक दलों का करीब 8 प्रतिशत ही है। यही नही, चुनाव आयोग ने इन राजनीतिक दलों

के खिलाफ आयकर विभाग को कोई निर्देश नही दिये। आयोग ने सिर्फ इतना किया कि दलों से प्राप्त वार्षिक रिपोर्ट की कॉपियां आयकर विभाग को भेज दी। अन्य आरटीआइ में पीआइएफ ने वार्षिक वित्तीय विवरण के सम्बन्ध में जानकारी मांगी। वित्तीय वर्ष खत्म होने के छह माह के भीतर चुनाव आयोग का यह जानकारी देना प्रत्येक राजनीतिक दल के लिए जरुरी है। इसके जवाब में चुनाव आयोग ने बताया कि महज 174 दलों ने 2010–11 का वित्तीय स्टेटमेंट भेजा है। यानी करीब 85 फीसदी दलों में अपनी इस जिम्मेंदारी को पूरा नही किया और चुनाव आयोग ऐसे राजनीतिक दलों को बस स्मरण–पत्र भेजकर चुप बैठ गया जबकि उनकी मात्रसत्ता रद्द होनी चाहिए।

इन नियमों का पालन न करने वाले दलों को दण्डित करने का प्रावधान न होने के कारण चुनाव आयोग लाचार नजर आता है। चुनाव आयोग को राजनीतिक दलों को पंजीकृत करने का तो अधिकार है, किन्तु एक बार पंजीकरण हो जाने के बाद आयोग के पास दलों के पंजीकरण पर पुनर्विचार करने का कोई अधिकार नही हैं।

17. MP/MLA निधि खत्म हो

बिहार जैसे राज्य में विधायक निधि खत्म करदी गयी है, अब वहां विधायक केवल प्रशासनिक कार्यो पर ही निगाह रखता है कि मेरे क्षेत्र में विकास कार्य ईमानदारी, मेहनत व सही ढ़ंग से हो रहा है या नहीं। MP/MLA निधि का रूपया इन MP/MLA के द्वारा किस प्रकार खाया जाता है यह सभी को मालूम है तथा बहुत से MP/MLA तो अपनी निधि का रूपया अपने क्षेत्र में खर्च ही नहीं कर पाते। अतः इन निधियों को खत्म कर इस क्षेत्रीय विकास के धन को एक जिला विकास समिति गठित कर उसके माध्यम से खर्च करवाया जाये। **जिला विकास समिति का सचिव पद उस जिले में सबसे ज्यादा वेतन लेने वाले अधिकारी को दिया जाये तथा पांच सदस्य वेतन के वरीयता क्रम से नियुक्त किये जायें चाहे वे किसी भी विभाग से सम्बन्ध रखते हों। MP/MLA केवल इस धन के खर्च पर निगरानी रखें।**

18. आनलाईन से भी मतदान

आधुनिक तकनीकि का प्रयोग करते हुए आनलाईन मतदान की व्यवस्था हो, ताकि व्यक्ति घर बैठे भी मतदान कर सकें। आनलाईन मतदान बूथ हर गांव व क्षेत्र में 10 दिन के लिए स्थापित किए जा सकते है, ताकि मतदाता समय निकाल कर अपना मतदान कर सकें। इंटरनेट से मतदान लागू होने पर मतदान केन्द्रों पर भीड भी समाप्त हो जायेगी तथा मतदान में होने वाली अनियमितताओं से भी छुटकारा मिल सकेगा।

19. सांसद एवं विधायक बनने की योग्यता

आज कोई भी अनपढ़, बालात्कारी, अपराधी, अयोग्य व्यक्ति MP/MLA का चुनाव लड़ सकता है। यदि 90% मतदाता उसे पसन्द नही कर रहे लकिन 10% वोट पाकर वह सबसे अधिक वोट प्राप्त करने वाला है तो भी विजयी माना जाता हैं ऐसा क्यों? एक चपरासी की नौकरी प्राप्त करने वाली की भी योग्यता देखी जाती हैं, उसका चरित्र–प्रमाण जांच होती है लेकिन MP/MLA बनने में ऐसा नही, ऐसी कई बातों पर गौर करते है–

- नौकरी और प्रमोशन में अनुभव जरुरी लेकिन मंत्री बनने में कोई अनुभव नही, क्यो ?

- परिवार नियोजन अपनाने पर नौकरी बढ़ोत्तरी वो भी सरकार द्वारा लेकिन नेताओं की नौकरी बढ़ोत्तरी में कोई नियम नही, ये स्वयं बढ़ोत्तरी कर लेते है क्यो ?

- प्रत्येक नौकरी में नौकर के ऊपर मालिक का डण्डा (नियंत्रण–जवाब देही) लेकिन नेताओं के ऊपर मालिक (जनता) का डण्डा / नियंत्रण नही क्यों ?

- विधार्थी को पास होने को 33% अंक लाना जरुरी लेकिन नेताजी को चाहे, लाखो जनता में से 10 वोट मिले लेकिन यदि ये सबसे अधिक वोट हो तो नेताजी (विजयी) ऐसा क्यों ?

- चतुर्थ श्रेणी की नौकरी प्राप्त करने के लिए भी योग्यता जरुरी लेकिन नेताजी के लिए कोई योग्यता नही क्यों?

- प्रत्येक नौकरी में रिटायरमेन्ट (सेवानिवृत्ति) होता है लेकिन

नेताओं का रिटायरमेन्ट की उम्र भी नही क्यो ?

- सरकारी सेवक को सस्पेंड कर दे तो पैन्सन नही मिलती लेकिन यदि जनता नेता को सस्पेंड (चुनाव में हार) हो जाने पर पूर्व MP/MLA को फिर भी पैन्सन ऐसा क्यों ? राजनीति समाज सेवा है, व्यवसाय नही, अतः नेता की पैंसन राजनीति से न होकर उसके अपने निजि व्यवसाय या पद के आधार पर हो।
- विद्यार्थी की स्कूल–कॉलिज में 75% हाजिरी न हो तो वो परीक्षा में नही बैठ सकता, सरकारी नौकरी में 14 दिन से अधिक छुट्टी लेने पर तनख्वा कट हो जाती है लेकिन नेताओं को चाहे संसद मे 25% हाजिरी तो भी पास, न तनख्वा कट ऐसा क्यों ?
- नौकर भी मालिक को हिसाब देता है, नौकरी पर रखे गये नौकर से लिखत–पढ़त होती हैं, इसके बाद नौकरी पूरी होने पर मालिक और नौकर बीच हिसाब होता है, कार्य की समीक्षा होती है, लेकिन नेताओं का जनता (मालिक) को क्यों हिसाब–जवाब देही नही, कार्य समीक्षा क्यों नही ?
- जनता गलत बोले तो जेल, नेताओं के गलत बोलने, झूठे वादे, झूठे आंकड़े पेश करने पर, झूठा प्रचार करने पर जेल क्यों नही?
- मालिकों (बहुत सी जनता) पर घर भी नही, लेकिन इन नेताओं को बड़े–बड़े आलिशान मकान क्यों?
- मालिकों (बहुत सी जनता) पर बसों / ट्रेनों में बैठने के लिए रुपये भी नही लेकिन इन नेताओं (MP/MLA) पर हूटर वाली गाड़ियों के काफिले क्यों?
- मालिकों (बहुत सी जनता) को खानें को एक वक्त का भोजन भी नहीं, लेकिन इन नेताओं को संसद आदि में आलिशान भोजन के भी 1–2 रुपयें में ऐसा क्यों ?
- स्कूल में भी बच्चों की कार्य समीक्षा के लिए छमाही या तिमाही परीक्षा लेकिन नेताओं की कार्य समीक्षा की कोई

छमाही या तिमाही परीक्षा (समीक्षा जवाब—देही) नही ऐसा क्यों?

● जनता बिमार हो तो उनका ईलाज भारत के अस्पतालों में लेकिन नेता या अफसर शाह बिमार हो तो विदेश में ईलाज का प्रावधान ऐसा क्यों?

MP/MLA के लिये शिक्षा पोस्ट ग्रेजुएट हो तथा चुनाव जीतने के बाद 6 माह की राजनीति शास्त्र, धर्मशास्त्र की ट्रेनिंग होनी चाहिए। मंत्री बनने के लिये जरूरी हो कि उस क्षेत्र की विशेषज्ञता एवं कुछ वर्षों तक उस क्षेत्र में कार्य किया हो।

20. अपराधी न हो, कोई भी मुकदमा उस पर न चल रहा हो, न ही किसी केस में सजा पायी हो।

21. भारतीय मूल का व्यक्ति हो।

22. उच्च चरित्र वाला धर्मात्मा हो, समाज सेवी हो इसका प्रमाण वह रखता हो। समाचार पत्रों की खबरें तथा पुलिस रिपोर्ट इसका मानदंड हों।

23. एम0पी0 के लिए या अन्य राष्ट्रीय चुनाव के लिए राष्ट्रभाषा का आना जरूरी हो या चुनाव जीतने के 6 माह के अन्दर राष्ट्रीय भाषा सीखना जरूरी हो।

24. जो अपनी सम्पत्ति एवं आमदनी के स्रोतों का विस्तार से ब्योरा 20 सालों से या जब से कमाने लगा हो न देता आ रहा हो, या गलत स्रोतों से रुपया एकत्र किया हो तो वह व्यक्ति चुनाव लड़ने को अयोग्य माना जाए।

25. 10—25 प्रतिशत सीट महिलाओं के लिए आरक्षित हों।

26. घर में बाप—माँ या बेटा—बेटी एक ही पार्टी से एक साथ चुनाव नहीं लड़ सकेंगे अर्थात् खून के रिश्ते में बस एक को ही चुनाव लड़ने का अधिकार हो। हाँ अलग, किसी अन्य पार्टी से चुनाव लड़ सकता है।

27. एम0पी0, (सांसदों) मंत्रियों आदि को अलग से वेतन नही होना चाहिए, केवल भत्ता हो। वेतन तो उनको अपने मूल व्यवसाय या पद से ही मिले।

28. राष्ट्रपति की अपनी एक समिति होनी चाहिए जिसमें हर एक राज्य एवं केन्द्रशासित प्रदेश से एक–एक सदस्य हो, 6–7 अन्य सदस्य राष्ट्रपति अपनी इच्छा से किसी को भी रखे।

29. चुनाव 5 वर्ष में ही हों ऐसा कानून बने यदि राष्ट्रपति शासन लागू हो जाए तो राष्ट्रपति की समिति सदस्य अलग–अलग मन्त्रालयों की देख रेख करें लेकिन चुनाव पाँच वर्ष से पहले न हों।

30. दल–बदल पर पूर्ण पाबन्दी हो। कोई ऐसा कर ही न सके।

31. चुनाव में वो सदस्य विजयी माना जाये जिसको 51 प्रतिशत वोट मिले। यदि बहुत से सदस्य चुनाव लड़ रहे हों तो दो वो सदस्य जिनको चुनाव में सबसे अधिक वोट मिले हो उनका फिर चुनाव हो जो 51 प्रतिशत अथवा अधिक प्रतिशत वोट पाये उसको विजयी माना जाए। यदि पहले चुनाव में ही कोई 51 प्रतिशत से अधिक प्रतिशत वोट पाये तो दोबारा चुनाव की आवश्यकता नहीं।

32. MP/MLA/MLC मंत्री, मुख्यमंत्री, प्रधानमंत्री तथा राष्ट्रपति को कोई वेतन नहीं मिलेगा। ये पद केवल समाजसेवी होंगे। उनकी आय का साधन उनका अपना पूर्व व्यवसाय या सरकारी नौकरी ही रहेगी। कोई भी सरकारी कर्मचारी अथवा अधिकारी भी चुनाव लड़ सकेगा बिना पदत्याग किये। MP/MLA बनने पर उसे अपने पूर्व पद से ही वेतन मिलेगा। MP/MLA की अवधि समाप्त होने पर वह अपने पूर्व पद पर पुनः काम कर सकेगा।

33. नेता MP/MLA आदि की फार्म भरने जाते हैं तो एक बड़े काफिले के साथ सड़कों पर जाम लगा देते हैं। इस काफिले पर रोक लगाने के लिए आनलाईन फार्म भरने का प्रविधान होना चाहिए।

34. जब चुनाव हो तो प्रचार के दौरान दीवारों पर न लिखवाए, न पोस्टर लगे, यह भद्र नहीं है। प्रचार किया जाए टी०वी०, रेडियो, लोकल टी०वी० चैनल या अखबार के माध्यम से। अखबार वाले अलग से पृष्ठों की संख्या बढ़ा सकते हैं। इससे अखबार वालों का फायदा होगा, तो अखबार भी जनता को इस दौरान बहुत सस्ते में

मिलना चाहिए। जनसभाएं भी की जा सकती हैं।

35. प्रचार–प्रसार उक्त पार्टी के फण्ड से लगे तथा धन जनता के बीच से इकट्टा हो। पार्टी कार्यकर्ता इस कार्य को करें। चुनाव में प्रचार के लिए 1.50 लाख रू0 सांसद के लिए निर्धारित हो तो 70 हजार रू0 एम0एल0ए0 के लिये। इससे अधिक चुनाव खर्च करने वालों की मान्यता रद्द की जाये।

36. प्रत्येक चुनाव लड़ने वाला सदस्य अपनी सम्पत्ति का, आय के स्रोतों का, अपनी पिछली 25 वर्ष में एकत्र की गई सम्पत्ति, चरित्र आदि का पूरा ब्यौरा लिखित में चुनाव अधिकारी को देना अनिवार्य हो, जो कि अखबार आदि में भी छपे जिससे इसकी सच्चाई जनता भी जान सके।

37. प्रत्येक पार्टी का अपना घोषणा पत्र हो, तथा जो वह अपने क्षेत्र में वायदे करेगा, चुनाव अधिकारी को देगा साथ में अखबार में छपवायेगा जनता तक पहुँचाने के लिए। यदि चरित्र, सम्पत्ति या घोषणा पत्र आदि में कुछ भी झूठ मिले तो उसकी सदस्यता उसी समय समाप्त की जाए।

38. मतदान प्रक्रिया में 'नो वोटिंग' का विकल्प भी हो, यदि कोई भी उम्मीदवार वोट के लायक न हो तो वोटर 'नो वोट' कर सके। यदि नो वोटिंग के मत अधिक हो तो चुनाव रद्द कर फिर चुनाव कराये जाएं। तथा चुनाव लड़ने वाले उन सब उम्मीदवारों को अयोग्य घोषित किया जाये।

39. जो जनता के बीच लगभग / कम से कम 10 वर्षों से सेवा कर रहा हो उसे ही चुनाव लड़ने की इजाजत हो।

शराब सभी समस्याओं की जड़ है यह राजनीति को भी कुप्रभावित करती है अतः शराब पर पाबंदी लगा देनी चाहिए, उत्पादन पर भी व बिक्री पर भी। चुनाव से 3 दिन पूर्व शराब बिक्री व पूर्ण पाबंदी लगा देनी चाहिए। जो बेचते हुए या नशे में मिले उस पर 5 हजार रूपये से 1 लाख रूपये तक जुर्माना ठोक दिया जाये। इसी प्रकार से जो वोट के बदले नोट का धंधा चलता है उस पर भी रोक लगाने की जरूरत है। नोट देने वाला व लेना वाला दोनों दोषी माने जाये दोनो पर 5 हजार व 1 लाख रूपये तक का जुर्माना लगा देना चाहिए चुनाव लड़ने वाले का अधिकार

खत्म कर देना चाहिए।

दो स्थानों से चुनाव का अधिकार क्यों? जो व्यक्ति MP/MLA का चुनाव दो स्थानों से लड़ते है उनके उपर रोक लगे, केवल एक स्थान से चुनाव लड़ने का अधिकार होना चाहिए। राजनीति के लिए, चुनाव लड़ने के लिए उम्र का निर्धारण हो जिसमें कि उम्र 25 वर्ष से 60 वर्ष के बीच होनी चाहिए।

जो ये कहते है कि भारत की जनसंख्या बहुत अधिक है जिस कारण हम हर क्षेत्र में तेजगति से विकास नहीं कर पा रहे हैं। जो यह सोचते है कि देश का तेज गति से विकास न हो पाने का कारण बढ़ी जनसंख्या है तो यहां यह जानना आवश्यक है कि हमसे अधिक जनसंख्या तो चीन की है। लेकिन उसकी विकास गति तो हमसे भी अधिक है। वहाँ आतंकवाद, बेरोजगारी, गरीबी हमसे बहुत कम है चाहे तो आप आंकड़े देख सकते हैं– भारत में हर क्षेत्र की समस्या का कारण भ्रष्ट/गन्दी राजनीति है बस इसमें सुधार हो जाए तो हर समस्या का समाधान हो सकता है। आप लोग सरकार से कुछ भी न मांग करो बस ''राजनीतिक क्रान्ति'' की मांग करें। बस उन भ्रष्ट नेताओं के खिलाफ आवाज उठाओं चाहे वे किसी भी पार्टी के हों।

देश में समाप्त होती भारतीय संस्कृति का कारण, तेजी से विकास न होने का कारण, भ्रष्ट न्याय प्रणाली/पुलिस या किसान–मजदूरों की समस्या आदि का कारण यह भ्रष्ट–आपराधिक राजनीति ही है। समाज के बहुत से लोग असभ्य हो गये हैं। पुलिस असभ्य है, नौकरशाह असभ्य है। इन सबका कारण असभ्य राजनीति ही है। आज हमारी संसदीय प्रणाली असफल हो गयी है। लोकसभा में गाली–गलौच होती है, घूँसें चलते हैं, हाथा पाई होती है, तर्क बल की जगह बाहुबल आ गया है।

भारत की संसदीय प्रणाली ब्रिटेन की उधारी है। हमारी वैदिक प्रणाली विश्व में सर्वश्रेष्ठ थी। राजनीतिज्ञ अपनी परम्परा से सीख नहीं लेते। वैदिक काल पूर्णरूपेण संसदीय था। भारत में वैदिकयुग से ही गणतांत्रिक स्वरूप, प्रतिनिधि विचार–विमर्श और स्थानीय स्वशासन की संस्थाएं थी। ऋग्वेद, अथर्ववेद में सभा समिति के उल्लेख हैं। ऐतदर्थ ब्राह्मण ग्रन्थ, पाणिनि की

अष्टाध्यायी, कौटिल्य के अर्थशास्त्र, महाभारत और अशोक स्तम्भों, जैन पुस्तकों में उत्तर वैदिक काल के गणतंत्रों के उल्लेख है। वेदों में एवं मनुस्मृति में तीन प्रकार की सभाएं स्पष्ट रूप से वर्णित हैं– विद्या सभा, धर्म (न्याय) सभा एवं राजसभा। प्राचीन वैदिक काल में कार्यपालिका एवं विधायिका राज सभा के ही दो रूप होते थे। इनका बहुत सुन्दर वर्णन एवं स्वरूप महर्षि दयानन्द सरस्वती ने अपने कालजयी ग्रन्थ सत्यार्थप्रकाश में किया है। यहां पर यह बताना अनावश्यक न होगाा कि वैदिक प्रजातान्त्रिक प्रणाली में विद्या सभा एवं विद्वानों का स्थान सर्वोपरि था। विद्या सभा ही राष्ट्रहित में कानून बनाती थी। कानून के आधार पर न्यायसभा न्याय व्यवस्था का संचालन करती थी तथा राज सभा (कार्यपालिका एवं विधायिका) शासन चलाती थी। आधुनिक शब्दों में कह सकते हैं कि कानून बनाना विद्वानों एवं शिक्षकों का है क्योंकि ये लोग ही अनुसंधान करने की प्रक्रिया से परिचित होते हैं। अतः शिक्षकों, विद्वानों, अनुसंधानकत्ताओं, वैज्ञानिकों को प्रोटोकॉल में प्रथम स्थान पर रखा जाए। डाक्टरों तथा अभियन्ताओं को दूसरे स्थान पर, न्यायपलिका एवं कार्यपलिका तथा विधायिका के सदस्यों को तीसरे स्थान पर रखा जाए।

20. अफसरशाही का अन्त

अंग्रेज जब भारत पर शासन करते थे तो अंग्रेज ही अधिकारी बन कर आते थे। यही कारण था कि उन्होंने अफसरशाही व्यवस्था को जन्म दिया। सारी शक्ति बाबुओं को प्रदान की तथा उन्हें संवैधानिक संरक्षण भी प्रदना किया। जिससे वे निरंकुश होकर शासन कर सकें तथा मनमाने ढंग से अंग्रेजी सरकार के हित तथा अपने स्वार्थ साधन के लिए कार्य कर सकें। ऐसी व्यवस्था अंग्रेजों के लिए उचित थी, परन्तु अब भारत एक प्रजातान्त्रिक देश है वहां अफसरशाही व्यवस्था जनहित में नहीं हो सकती। ऐसा हम प्रत्यक्ष देख भी रहे हैं। इस व्यवस्था को भी समाप्त करना होगा। किसी को भी निरंकुश बनाना लोकतान्त्रिक व्यवस्था में नहीं। प्रशासनिक सेवाओं को खत्म कर विभिन्न क्षेत्रों के विशेषज्ञों को विभिन्न प्रशासनिक पदों पर नियुक्त करना होगा। प्रशासनिक अधिकारी मेनेजमेंट स्कूलों से चुने जाएं। या फिर

प्रशासनिक परीक्षाओं के आधार पर चुने गए लोगों को बिना संवैधानिक संरक्षण दिए संयुक्त सचिव के पद तक पहुंचाया जाए, ताकि वे विशेषज्ञों के अधीन कार्य कर सकें। वित्तायुक्त एवं मुख्य सचिवों के पद पर केवल विशेषज्ञ लोंग ही नियुक्त किए जाएं। मन्त्रियों को अधिकार रहे कि वे अपने मन्त्रालयों में वित्तायुक्त एवं मुख्य सचिवों के पद पर विशेषज्ञों को अपनी इच्छानुसार चुन सकें ताकि उनकी जवाबदेही निश्चित की जा सके।

सभा ही किसी को सभ्य नहीं बनाती सभा सभ्यों से ही बनती है। ऋग्वेद (कृ0 6.28.6) कहता है, ''पहले, हम घर को भद्र बनाएं, वाणी, भद्र बनाए, सभा में भद्र आचरण हो।'' आज निजी जीवन में अपराध है, घरों में असलहे (शस्त्र) है, क्रोध और तनाव है, ऐसे माननीयों से सभा में अमृत घट लुढ़काने की उम्मीदें करना व्यर्थ है। सभ्य सभा और सभ्य सभासदों की प्रार्थना हजारों वर्ष प्राचीन अथर्ववेद में भी है, लेकिन वर्तमान लोकसभा के करीब सौ सांसद आपराधिक पृष्ठभूमि के हैं, लगभग 250–300 से अधिक भ्रष्ट हैं, झूठे हैं। लेकिन दोष जनता को जाता है इनको चुनने के लिए। राजनैतिक कार्यों में पारदर्शिता लाने के लिए ''जनता कानून'' (जन लोकपाल विधेयक) की आवश्यकता है जिससे भ्रष्टों को, अपराधियों को राजनीति में आने से रोका जा सके।

भारतीय संविधान

हमारे देश में जो आज संविधान है वो विदेशों की नकल है। अलग–अलग सम्पन्न देशों के संविधान को मिलाकर एक संविधान बनाया गया। कहीं की ईट कहीं का रोड़ा भानमती ने कुनबाा जोड़ा वाली कहावत चरितार्थ होती है। अभी तक बहुत से संशोधन संविधान में किये गये हैं। क्या संविधान बनाने से समाज शास्त्रियों द्वारा भारत के सांस्कृतिक अथवा सामाजिक परिप्रेक्ष्य का अध्ययन किया गया। इस बारे में समाज शास्त्रियों एवं अन्य विद्वानों की राय ली गयी। पूछा गया? क्या किसी अन्य देश में दो संविधान है कि एक व्यक्ति के लिए एक नियम दूसरे के लिए दूसरा? पूरे देश में, एक संविधान हो।

संसद में सन् 1953 को डा0 भीमराव अम्बेडकर ने कहा था कि यदि संविधान को जलाने की बात करें तो मैं सबसे पहला व्यक्ति होऊंगा जो इस कार्य को करूंगा। जब उनसे पूछा गया क्यों? तो उन्होंने कहा था कि "यह भारतीय संविधान हमसे जल्दबाजी में कुछ ही महीनों में बनाने को कहा गया था। यह संविधान जल्दबाजी में विदेशी संविधानों की नकल है। यह भारतीय लोगों के अनुरूप नहीं है।

सर्वोच्च न्यायालय ने वर्ष 1984 में शाहबानों नाम की महिला को न्याय दिया, जिसके द्वारा परित्यक्ता मुस्लिम महिलाओं को अपने जीवन निर्वाह हेतु अपने पति से निर्वाह राशि दिलवायी गई, किन्तु तत्कालीन शासन ने संविधान में संशोधन करके सर्वोच्च न्यायालय के निर्णय को ही व्यर्थ कर दिया था। इस प्रकार के संशोधनो का अधिकार विद्या सभा को ही होना चाहिए। राजनेता वोट के चक्कर में देश हित को ताक पर लगाने को तैयार रहते हैं।

यह संविधान वर्तमान में धर्म, वर्ग और जाति–भेद कराकर सामाजिक संघर्ष कराने वाला बन गया है। जिन देशों की नकल से यह संविधान बनाया गया है, वहाँ संस्कार, संस्कृति का महत्त्व नहीं तथा भारतीय संविधान की रचना 'गवर्नमेन्ट ऑफ इण्डिया एक्ट 1935 की संवैधानिक व्यवस्था पर आधारित है। इसी कारण

आज भारतीय संविधान अविश्वसनीय होता जा रहा है।

संविधान के नियमानुसार संसद और विधानसभाओं के निर्वाचन केवल धन बल के आधार पर ही होते हैं। राष्ट्रपति को सांसद चुनते हैं जबकि सीधे जनता द्वारा राष्ट्रपति (राष्ट्रप्रधान) का चुनाव कराकर उसके अधिकार अधिक बढाये जाने चाहिये।

संविधान निर्माताओं ने भारत का नाम ही परिवर्तित कर दिया। उन्होंने भारत को भारत वर्ष/आर्यावर्त लिखने के स्थान पर भारत के संविधान में लिखा है, ''इण्डिया देट एज भारत'' (India that is Bharat)। किसी नाम का अंग्रेजीकरण कैसे हो सकता है। संसार में किसी अन्य देश के दो–दो, तीन–तीन नाम नहीं केवल हमारे देश के ही दो तीन नाम है। यह हमारी संस्कृति सभ्यता का विनाश करने की साजिश है। हमें केवल संविधान में लिखना है भारतवर्ष। लगता है कि भारतीय संविधान का निर्माण उन लोगों ने किया था जिन्हें भारतीय वैदिक संस्कृति के सिद्धान्तों में विश्वास नहीं था। वे शरीर, त्वचा से भारतीय परन्तु मन, कर्म से अंग्रेज थे।

संविधान में अल्पसंख्यक और बहुसंख्यक की अवधारणा प्रस्तुत करके भारतीयों में सदैव के लिए नफरत भर दी, एक स्थायी विभाजन कर दिया। संसार के किसी भी देश में अल्पसंख्यकों और बहुसंख्यकों में विभेद नहीं है। किन्तु भारतीय संविधान निर्माताओं ने ''मोरलेमिण्टो – योजना' द्वारा परिभाषित अल्पसंख्यकवाद को ज्यों का त्यों ही स्वीकार कर लिया गया था। यहाँ अंग्रेजो द्वारा धर्म विभाजन कर राज्य करने की नीति ज्यों कि त्यों झलकती है। आज अल्पसंख्यक का आशय मुस्लिमों से है किन्तु अल्प संख्या में तो अन्य कई धर्म भारत में है, जैसे यहूदी, पारसी, बहाई धर्म, फिर मुस्लिम (अल्पसंख्यक), हिन्दू (बहुसंख्यक) का नाम लेकर दोनों धर्मों में ईर्ष्या की आग क्यों जलाई जा रही है। आज जो भी नेता इन शब्दों का प्रयोग करता है, जान लो कि वह अंग्रेज परस्त नीति अपना कर देशद्रोह का कार्य कर रहा है।

संविधान की प्रस्तावना में प्रयुक्त 'सेक्युलरिज्म' शब्द का प्रयोग भी भारतीयकरण नहीं कर सकता है। सैक्युलरिज्म को धर्मनिरपेक्षता बताया और प्रचारित किया गया तथा साम्प्रदायिक सद्‌भाव केवल मुस्लिम भाई को प्रसन्न कर हिन्दु–मुस्लिम विवाद

कर राजनीति की रोटियाँ सेकना है अंग्रेजों की तरह।

अंग्रेजों ने अपने स्वार्थ एवं राजनैतिक लाभ के लिए जिन विधियों (कानूनों) का निर्माण किया वो आज तक ऐसे ही हैं क्यों? गुलामी के समय अंग्रजों ने 34734 कानून हमें लूटने, शोषण करने व सदियों तक हमकों गुलाम बनाए रखने के लिए बनाए थे, उन कानूनों को हमने आजाद भारत में क्यों लागू कर रखा है? सही मायनों में हमें पूर्ण आजादी नहीं मिली, क्रान्तिकारियों के सपने पूरे नहीं हुए, जैसे कि वो कि देश को बनाना, देखना चाहते थे। बस चेहरे बदले, कानून वही रहे। गोरे अंग्रेज चले गये और जाते–जाते काले अंग्रेजों को राज दे गये, जिससे यह देश उभर न पाये तथा उनके देश को फायदा होता रहे।

भारतीय संविधान में आध्यात्मिक उन्नति का कोई स्थान नहीं है, जबकि भारतीय संस्कृति का मूलाधार ही आध्यात्मिक उन्नति है। वैदिक काल से लेकर गुलामी के समय से पूर्व राजपाठ के कार्य राजगुरु (विद्या सभा का प्रमुख) की आज्ञा व उनके परामर्श से होते थे। महाभारत काल के पश्चात् भी राजा अपने राजगुरू की आज्ञानुसार ही राज्य चलाते थे। महाराज चन्द्रगुप्त मौर्य से लेकर छत्रपति शिवाजी महाराज तक ऐसा ही चलता रहा। मुगलों के आने से यह परम्परा समाप्त हो गई और उन्होंने अपने मत के ग्रन्थ कुरान के अनुसार शासन चलाने का कार्य किया। तभी से राज्य व्यवस्था में राजगुरु की परम्परा समाप्त हो गयी।

संसार के प्रत्येक देश की अपनी समान नागरिक–संहिता है, जिसके द्वारा देश के सभी नागरिकों को प्रत्येक क्षेत्र में समान विधि का पालन करना होता है, किन्तु हमारे देश में समान नागरिक संहिता नहीं है। देश में सभी लोगों के लिये कायदे–कानून एक जैसे होने चाहिए। ये नेता देश में धर्म के नाम पर राजनीति कब तक करेगें? संविधान अंग्रेजपरस्त है। हमें चाहिये भारतीय आत्मा के अनुरूप संविधान।

भारतीय संविधान में धारा 370 एक ऐसी धारा (कानून) है जिसके तहत जम्मू–कश्मीर को अलग कर रखा है। देश के लोगों के साथ यह धोखा है। इस धारा 370 को अलग से वर्णित किया जायेगा।

यदि कोई संविधान सम्पूर्ण देश के हितों की उपेक्षा तथा कुछ लोगों की स्वार्थ सिद्धि का साधन बन जाता है, तो वह संविधान अधिक दिनों तक टिक नहीं सकता। संविधान राष्ट्रहित के लिये होता है, राष्ट्र संविधान हित के लिये नहीं होता है।

यहाँ प्रश्न यह है कि अंग्रेजों द्वारा 1935 तक बनाये गये संघीय विधियों (कानूनों) का आज तक पालन क्यों किया जा रहा है। भारतीय स्वतन्त्रता अधिनियम 1935 के अन्तर्गत भारतीय संविधान सभा का गठन अंग्रेजों द्वारा किया गया था। गुलामी के समय यह संविधान बना वो ही संविधान आज हमारे सामने है, नया नहीं। आजादी के बाद केवल अन्य नियम कानून अलग–अलग देश से एकत्र कर लागू कर दिये गये।

हमें अपने देश का नया संविधान बनाना है इसके लिए विभिन्न विषयों क्षेत्रों के विद्वानों की सभा को आयोजित करना होगा। जो कि वेदों एवं भारतीय आध्यात्मिक संस्कृति, सामाजिक परम्परा एवं सभ्यता का गहन अध्ययन कर लोगो की राय लेकर भारतीय आत्मा के अनुरुप जनहित में संविधान का निर्माण कर सकें।

रक्त रंजित जम्मू–कश्मीर

महर्षि कश्यप द्वारा निर्मित भारत का नन्दन वन कश्मीर अपने विश्व प्रसिद्ध तीर्थस्थलों, विशाल आश्रमों, भव्य मन्दिरों एवं सांस्कृतिक केन्द्रों के खण्डरों में परिवर्तित होने से उस पर हुए अत्याचारों की कहानी कहकर अपने गौरवपूर्ण अतीत का स्मरण करा रहा है।

राष्ट्रीय स्वयं सेवक संघ के तत्कालीन सरसंघचालक श्री गुरूजी की पहल पर 26 अक्टूबर 1947 को महाराजा हरि सिंह ने कश्मीर का भारत में पूर्ण विलय कर दिया। किन्तु पं0 नेहरू ने अपने खास दोस्त कट्टरपंथी नेशनल कॉफ्रेंस के निर्माता शेख अब्दुला को सत्ता सौंपने के लिए महाराजा हरिसिंह को विवश किया। पं0 नेहरू जी के इस निर्णय से जम्मू और लद्दाख के क्षेत्रों के साथ भेदभाव का सिलसिला प्रारम्भ हुआ। धारा 370 ने इस भेदभाव को और मजबूती प्रदान की। तात्कालीन कांग्रेस सरकार की मुस्लिम तुष्टिकरण नीतियों ने नन्दनवन को जेहादी आतंकवाद की आग में झोंक दिया। 26 जून 2000 को फारूक अब्दुला की नेशनल कॉफ्रेंस सरकार ने कश्मीर की स्वायत्तता (यानि भारत से अलग होने की आजादी) सम्बन्धी प्रस्ताव पारित किया। इस प्रस्ताव पर दृष्टि डालें तो इससे देश के विभाजन की गंध आती है।

प्रस्ताव में अनुच्छेद 370 से अस्थायी शब्द को हटाकर उसे स्थायी एवं विशेष लिखने पर जोर दिया गया।

अनुच्छेद 324 (भारत के निर्वाचन आयोग के अधिकार) कश्मीर राज्य से हटायें, अनुच्छेद 365 भारत सरकार द्वारा राज्यों को निर्देश के अधिकार, अनुच्छेद 356 राज्य सरकार की बर्खास्तगी का अधिकार के साथ ही 357, 358 व 360 भी यहाँ लागू न हों।

सर्वोच्च न्यायालय की अधिकारित अनुच्छेद (124, 131 से 136) कश्मीर राज्य से समाप्त किए जायें।

संसद द्वारा बनाये कानूनों की सर्वोपरिता अनुच्छेद 254 से भी इस राज्य को मुक्त रखा जाये।

केन्द्र राज्य सम्बन्धों पर भारत के प्रधानमंत्री डॉ0 मनमोहन सिंह द्वारा गठित आयोग के अध्यक्ष जज सगीर अहमद ने भी उपरोक्त अलगाववादी राष्ट्रद्रोही मांगों पर अक्षरशः अपनी मोहर लगा दी।

धारा 370 देश का बंटवारा?

सभी राष्ट्रों ने अपने देश की अखण्ड राष्ट्र की संकल्पना पर बल दिया है किन्तु हमारे संविधान मे ऐसा नही है। यह बात धारा 370 को स्वीकारकर द्विराष्ट्र के सिद्धान्त पर बल दिये जाने से स्पष्ट हो जाती है। यह धारा ही कश्मीर के लोगो को मनोवैज्ञानिक रूप से अपनी अलग पहचान बनाए रखने के लिये प्रेरित करती है।

जब कश्मीर को भारत का अविभाज्य अंग बताया जाता है तो फिर दूसरी ओर संविधान की धारा 370 के अनुसार कश्मीर मे पृथक नागरिक संविधान को मान्यता देने का क्या मतलब है?

भारतीय संसद अन्य राज्यों के लिए तो समवर्ती सूचि के विषय पर कानून बना सकती है किन्तु जम्मू–कश्मीर के सम्बन्ध मे संसद केवल वहाँ की सरकार की सहमति से ही कानून बना सकती है।

भारतवर्ष के अन्य प्रदेशों के निवासी, मुस्लिमों को छोडकर जम्मू कश्मीर मे भूमि खरीदने बेचने तथा वहां स्थायी रूप से वास करने का अधिकार नही है क्यों?

कश्मीर का कोई भी व्यक्ति भारत वर्ष के शासन मे केन्द्रीय मन्त्री बन सकता है किन्तु कश्मीर से बाहर का अन्य किसी भी प्रदेश का, व्यक्ति कश्मीर का नागरिक नही बन सकता है, वहां की विधानसभा का चुनाव नही लड़ सकता है तथा कश्मीर मे विधायक या मंत्री नही बन सकता है। क्यों?

जम्मू कश्मीर से सम्बन्धित भारतीय संविधान की धारा 370 के कारण ही जम्मू कश्मीर का अपना अलग संविधान है।

कश्मीर का राज्यपाल कश्मीर के चुनावों में मतदान नही कर सकता है। जम्मू कश्मीर मे आर्थिक संकट उत्पन्न हो जाने पर भी भारत का राष्ट्रपति धारा 360 के अन्तर्गत वहां आपातकाल की घोषणा नही कर सकता, ऐसा क्यो?

भारतीय संविधान भारत के सभी नागरिकों को निर्देश देता है कि किसी भी नागरिक को राष्ट्रध्वज, राष्ट्रगान, और राष्ट्र का

सम्मान करना अनिवार्य है किन्तु जम्मू कश्मीर मे राष्ट्र ध्वज का अपमान करना अपराध नही है।

धारा 368 के अनुसार जम्मू कश्मीर एक ऐसा राज्य है जिसका अपना पृथक संविधान तथा पृथक अस्तित्व है। इस सम्बन्ध मे संविधान मे संशोधन भी नही किया जा सकता।

संविधान के अनुच्छेद 152 के अन्तर्गत परिभाषित राज्य शब्द की सीमा में जम्मू–कश्मीर नही आता। यदि जम्मू–कश्मीर राज्य नहीं तो जम्मू–कश्मीर क्या है? पृथक देश है क्या?

भारतीय संविधान के अर्न्तगत जम्मू–कश्मीर के निवासियो को दो प्रकार की नागरिकता प्राप्त है एक भारत की और दूसरी जम्मू कश्मीर की, क्यों?

सन 1947 मे भारतवर्ष के विभाजन के समय पाकिस्तान से भारतवर्ष मे आते हुए लाखों भारतीयों को शेख अब्दुल्ला ने जम्मू में बसाया था किन्तु 17 अक्टूबर 1949 को संविधान सभा द्वारा धारा 370 स्वीकार करते ही इन शरणार्थियो के समस्त मौलिक अधिकार समाप्त हो गए। इसके विपरीत कश्मीर मे 1954 से ही भारत वर्ष मे आ रहे तिब्बती मुसलमान भाईयो को कश्मीर मे बसाया गया। उन्हें नागरिकता, समस्त सुविधाए तथा समस्त मौलिक अधिकार प्रदान दिये गए है। अपने ही देश मे कश्मीरी पण्डित, शरणार्थी है इसमें किसकी गलती है? इन भ्रष्ट नेताओं की जो हिन्दू मुस्लिम में ईर्ष्या पैदा कर राजनैतिक रोटी सेकते हैं। क्या मुस्लिमों ने कहा था कि जम्मू कश्मीर मे धारा 370 लगाओ? तो फिर, धारा 370 लगा कर देश को बाटने का कार्य क्यो किया जा रहा है। जब कश्मीर भारत देश का अखण्ड भाग है तो वहां का अलग संविधान क्यो है? एक ही राष्ट्र मे दो प्रकार के नागरिक अधिकारों का क्या मतलब है कि एक आदमी के लिए एक कानून दूसरे आदमी के लिए दूसरा! कौन कहता है कि हम पूर्णतः आजाद हैं? यह नीति तो अंग्रजो की थी जो इन नेताओं ने अपना रखी है।

आज कश्मीर से लगभग 4 लाख कश्मीरियों को कश्मीर घाटी छोड़ने पर मजबूर कर दिया गया है जो अपने देश में ही शरणार्थी बनकर जीवन काट रहे हैं। आधे से भी अधिक कश्मीर

पाकिस्तान ने कब्जा रखा है उसे मुक्त कराने के लिए सरकार ने क्या किया? पिछले 50 वर्षों में सरकार ने जम्मू कश्मीर को 1 लाख करोड़ रूपये से भी अधिक की धनराशि अनुदान में दी उसका क्या हिसाब है?

देश के संविधान से धारा 370 खत्म कर नये संविधान का निर्माण करना चाहिए जो पूर्णतः भारतीय हो। वास्तव में कश्मीर की समस्या का समाधान धारा 370 खत्म कर पाकिस्तान से अधिकृत कश्मीर को लेकर ही हो सकता है। जब तक पाक आतंकवादियों पर कार्यवाही नहीं की जाती तथा पाक अधिकृत कश्मीर को नहीं लिया जाता तब तक कश्मीर की समस्या, आतंकवाद की समस्या का समाधान नहीं हो सकता है।

लोकतंत्र संविधान के नियमों पर चलता है तो क्या भारतीय संविधान देश की सांस्कृतिक एवं सामाजिक आत्मा के आधार पर लिखा गया था? क्या संविधान निर्माता समाज शास्त्री, अर्थशास्त्री, दर्शन शास्त्री, वैदिक विद्वान, धर्म शास्त्र के ज्ञाता थे? क्या संविधान निर्माण के बाद देश की जनता को संविधान उसी की राष्ट्रभाषा में वितरित किया गया था?

लोकतंत्र अथवा प्रजातंत्र का अर्थ है कि देश की सम्पूर्ण जनता में से सर्वोत्तम मनुष्यों का चयन करके, उनके द्वारा शासन चलवाना। जब लोकतन्त्र पद्धति अनुसार संविधान की रचना ही नहीं हुई उसके अनुसार चलने वाला शासन लोकतान्त्रिक कैसे हो सकता है।

समान नागरिकता

भारतीय संविधान नीति निर्देशक तत्त्व का अनुच्छेद 44 निर्देश देता है – ''भारतवर्ष अपने सभी नागरिकों के लिए समान नागरिक संहिता बनाएगा। किन्तु आज तक, देश के आजाद होने के 63 वर्षों के बाद भी, समान नागरिक संहिता नहीं बनायी गई, क्यों?

संसार के प्रत्येक देश में अपनी समान नागरिक संहिता है, जिसके द्वारा देश के सभी नागरिकों को प्रत्येक क्षेत्र में समान विधि (कानून) का पालन करना होता है, किन्तु भारत देश में आज तक समान नागरिक संहिता नहीं बनी। देश के नेता, शासक चाहते ही नहीं कि देश में समान नागरिकता हो, या धारा 370 हटे या देश में शिक्षा का स्तर ऊपर उठे या देश से गरीबी हटे चूंकि वो समझते है कि हम नेता तभी बने रह सकते है, तभी देश को लूट सकते है जब ये मुद्दे ज्यों के त्यों रहें, देश में अशिक्षा रहे, गरीबी रहे, लोग धर्म, जातिवाद में बटे रहें। अब तो देश में कुछ ईमानदार नेता अपने मूंह से ये सब कहते हैं कि बहुत से नेता चाहते ही नही कि देश में सुधार हो। गरीबी, भुखमरी, बेरोजगारी, अशिक्षा मुख्य मुद्दें हैं। परन्तु इन मुद्दों को न उठाकर हमारे नेता साम्प्रदायिकता, जातीयता आदि जो मुद्दें हैं ही नही उन्हें उठाकर मात्र वोट की राजनीति करते हैं।

सर्वोच्च न्यायालय ने 1984 में शाहबानों के अभियोग का निर्णय देते हुए संविधान में समान नागरिक संहिता बनाने का निर्देश दिया था, किन्तु तात्कालीन राजीव गाँधी सरकार ने शरीयत के नाम पर समान नागरिक संहिता के निर्माण को वहीं का वहीं दबा दिया।

सन् 1985 में 'कल्याणी' नाम की संस्था की एक याचिका पर सर्वोच्च न्यायालय ने देश में दो तरह के कानूनों पर अपना खेद व्यक्त करते हुए कहा था कि सभी के लिए एक जैसे कानून होने चाहिए।

भारतवर्ष के सर्वोच्च न्यायालय ने 23 जुलाई 2003 को एक बार पुनः अत्यन्त महत्वपूर्ण निर्णय देते हुए देश में सभी धार्मिक

समुदायों के संचालन के लिए समान नागरिक संहिता का समर्थन किया। न्यायालय ने संसद को निर्देश दिया कि वह समान नागरिक संहिता बनाए। क्योंकि सबके लिए एक जैसा कानून ही राष्ट्रीय एकता को सुदृढ़ बनाने में सहायक सिद्ध होगा। न्यायालय ने समान नागरिक संहिता का पक्ष लेते हुए कहा था कि सभ्य समाज में धार्मिक विधि (विधानों) और व्यक्तिगत कानून (पर्सनल लॉ) के बीच कोई सम्बन्ध नहीं होता है।

सर्वोच्च न्यायालय के मुख्य न्यायाधीश श्री वी0एन0खरे के नेतृत्व में न्यायामूर्ति श्री एस0बी0 सिन्हा और न्यामूर्ति श्री ए0 आर0 लक्ष्मण की खण्डपीठ ने कहा कि संसद द्वारा समान नागरिक संहिता बनाने से वैचारिक स्तर पर जो स्थितियों और भ्रान्तियों है, वे दूर होगी। मुख्य न्यायधीश श्री वी0 एन0 खरे ने कहा कि अनुच्छेद 44 में यह व्यवस्था है कि राष्ट्र अपने नागरिकों के लिए समान नागरिक संहिता बनाने का प्रयास करे। मुख्य न्यायाधीश ने यह भी कहा कि यह खेद की बात है कि संविधान के अनुच्छेद 44 को अब तक देश में लागू नहीं किया गया है। संसद ने भी इस दिशा में कोई कदम नहीं उठाया हैं। सर्वोच्च न्यायालय ने यह भी कहा कि समान नागरिक संहिता के द्वारा विचार धाराओं पर आधारित अन्तर्विरोधों को समाप्तकर राष्ट्रीय एकता को सुदृढ़ करने में सहायता मिलती है। (दैनिक जागरण 24 जुलाई 2005)।

भारतीय राजनेताओं ने केवल चुनाव जीतने के लिये ही अल्पसंख्यकों और बहुसंख्यकों के लिए अलग–अलग कानून बनाये हैं। पर्सनल लॉ की बात करते है– यदि कल इसाई भी, हिन्दू भी अपना पर्सनल लॉ बना ले तो क्या नेता, संसद इसको स्वीकार करेगी? यदि इसे संसद स्वीकार भी करे तथा सब धर्मों, मतों का अपना–अपना कानून हो तो न्यायालय, संविधान की क्या जरूरत रह जाएगी? कल प्रत्येक व्यक्ति अपना पर्सनल लॉ बनाये तो कैसा होगा?

यदि देश के नेता पर्सनल लॉ, शरीयत के कानून का सहारा लेकर समान नागरिक संहिता न बनाना चाहते हो तो सरकार बताये कि शरीयत में तो यह भी है कि जो चोरी करे उसके हाथ काट दिये जाए, बलात्कार करने वाले को पत्थर से

मार दिया जाए, तो क्या सरकार ये कानून बनाने को तैयार है?

यहां एक प्रश्न उठता है कि जब पाकिस्तान ईरान, ईराक, सऊदी अरब आदि मुस्लिम देशों में शरीयत में आवश्यकता के अनुसार परिवर्तन किये जा सकते है तो भारतवर्ष में क्यों नहीं किया जा सकता। वेदों में, महाभारत ग्रन्थ में भी 10 पुत्रों की माँ होने का आर्शीवाद दिया जाता है लेकिन इसका मतलब यह तो नहीं कि अन्धा होकर इस बात को मानकर देश में जनसंख्या बढाते जाये जबकि जो पैदा हो चुके हैं उनको रोटी और रोजगार नहीं।

जिस प्रकार हिन्दुओं में सती प्रथा, बाल विवाह प्रथा, बहुपत्नी प्रथा आदि कुरीतियों पर प्रतिबन्ध लगा, उसी प्रकार मुसलमानों में भी बहुपत्नी प्रथा, तलाकप्रथा, जनसंख्या वृद्धि पर भी प्रतिबन्ध लगना चाहिए तथा समान नागरिक संहिता बनानी चाहिए।

भारतीय राष्ट्रगान

अंग्रेज प्रस्त राष्ट्रगान हटाओं, वैदिक राष्ट्रगान लाओ –

क्या आप जानते है जो राष्ट्रगान हम गाते है वह गीत रवीन्द्रनाथ ठाकुर ने 27 दिसम्बर 1911 को, कलकत्ता में कांग्रेस अधिवेशन के दूसरे दिन ब्रिटिश राजा जार्ज पंचम के स्वागत में गाया था। जो कि इस प्रकार है –

जनगणमन अधिनायक जय हे।

भारत भाग्य विधाता।

पंजाब सिन्ध गुजरात मराठा।

द्रविड़, उत्कल बंग।

विन्ध्य हिमाचल यमुना गंगा।

उच्छल जलधि तरंग।

तब शुभ नामे जागे।

तब शुभ आशिष मांगे।

गाए तव जय गाथा।

जनगण मंगलदायक जय हे।

भारत भाग्य विधाता।

जय हे, जय हे, जय जय जय हे।

अर्थात्– हे भारतीय मनुष्यों के मन के शासक और भारत के भाग्य–विधाता। तेरी जय हो! पंजाब, सिन्ध, गुजरात, मराठा (महाराष्ट्र), द्रविड (दक्षिण), उत्कल (उड़ीसा), बंग (बगाल), विंध्याचल, हिमाचल, गंगा–यमुना और उछलते हुए सागर की लहरें ये सब तेरा शुभ नाम लेकर गाते हैं और तेरा शुभ आशीष मांगते हैं ये सब तेरी गाथा गाते है। हे भारतीयों के भाग्य विधाता तेरी जय हो, तेरी जय हो, तेरी जय हो, तेरी जय हो, तेरी जय हो, तेरी जय हो।

हे देशवासियों जरा सोचो कि देश में इस गीत को क्या गाना चाहिए जो कि अंग्रेज बादशाह को खुश करने के लिए गाया गया था। गीत रचना के समय पंजाब में पांच नदियां सिन्धु, रावी, व्यास, सतलज और झेलम बहा करती थी, किन्तु पंजाब का विभाजन होने के बाद अब हमारे पंजाब में पांच नदियां नही बहती। अब उसमें केवल दो नदियां सतलज और व्यास ही बहती है। बाकी तीन नदियां पाकिस्तान में बहती है तो क्या यह गीत अब प्रासंगिक रह गया है। आज आधा सिन्ध भी पाकिस्तान में चला गया है। बंग (बंगाल) भी दो भागों में विभाजित हो गया है। मराठवाडा भी कोई स्थान नहीं बल्कि महाराष्ट्र हो गया है।

अतः देश के राष्ट्रगान के रूप में इस गीत को न गाकर वैदिक राष्ट्रगान अथवा वन्दे मातरम को इसका स्थान दिया जाना चाहिए।

विदेश नीति

यदि हम अपना इतिहास देखें तो महाभारत काल तक तो विदेशनीति अच्छी थी चूंकि नीतियां विद्वान एवं ऋषि, मुनि बनाया करते थे। वेद के आधार पर सभी राज्य कार्य करते हैं। सबसे पहला संविधान महाराज मनु ने लिखा था! समय–समय पर महात्माओं द्वारा दिये गये नीतिशास्त्रों में राज्य संचालन का अति उत्तम तरीका दिया गया था, लेकिन जैसे ही हमने वेदों को, आर्ष पुस्तकों के नियमों को तिलांजलि दी तभी से सभी राजनैतिक कार्यों में बदलाव आ गया। हमारे शासकों ने हमेशा आक्रामक नीति नहीं अपनाई बस वो रक्षात्मक नीति पर चले और यहां तक चले की रक्षात्मक नीति को भी भाग्य भरोसे छोड़ दिया। पाखण्डों, अन्धविश्वासों में इस कदर डूबे कि अपनी सारी सुरक्षा भाग्य पर छोड़ दी। भगवान भरोसे छोड़ दी और यह भूल गये कि स्वयं भगवान सुरक्षा देने नहीं आता। रक्षा के लिए तो हथियार उठाने पडते है। जीवन के दो पक्ष हैं एक अध्यात्मवाद तो दूसरा भौतिकवाद दोनों का ही सन्तुलन रखना होता है। सुरक्षा के लिए भौतिक संसाधनों का प्रयोग, नये हथियार, सुरक्षित राज्य का होना भी जरूरी है।

हमारी सुरक्षात्मक नीति के कारण बहुत से लुटेरों ने हमारे देश पर कई बार कब्जा किया उससे नये नये देश बनाये। हमारे सामने पाकिस्तान, अफगानिस्तान, बर्मा, लंका, भूटान आदि इसके उदाहरण हैं।

प्रकृति, इतिहास, परम्परा और संस्कृति ने लाखों वर्ष से भारत को एक राष्ट्र बनाकर रखा, जो उपगणस्थान (अफगानिस्तान) से लेकर श्रीलंका तक फैला था और जिसमें म्यामॉ (बर्मा), बंगलादेश और पाकिस्तान शामिल थे। इनके अलावा तिब्बत, नेपाल, भूटान तथा दक्षिण पूर्व एशिया का बड़ा क्षेत्र भी भारत से आत्मीय संबंधों द्वारा जुड़ा था। काबुल–कंधार (अफगानिस्तान) में ईस्वी सन् 1007–08 तक भारत के शाह वंश के राजा सुखपाल का शासन था, जब महमूद गजनवी ने इस्लामी सत्ता स्थापित की। श्रीलंका को अंग्रेजों ने 1902 तथा बर्मा को 1937 में भारत से अलग किया। 1947 में हुए विभाजन के परिणाम स्वरूप लगभग 9

लाख 45 हजार वर्ग किलोमीटर भूमि रक्त रंजित होकर पाकिस्तान के रूप में भारत से अलग की गयीं। इस प्रकार भारत पिछले हजार साल से सिकुड़ रहा है। सन् 1947 के बाद भी यह क्रम रूका नहीं। जम्मू–कश्मीर की 78114 वर्ग किलोमीटर भूमि पाकिस्तान और 42735 वर्ग किलोमीटर भूमि पर चीन का कब्जा है। पाकिस्तान ने 1964–65 में कच्छ (गुजरात) की लगभग 1,000 वर्ग किलोमीटर भूमि हड़प ली। पूर्व में नेहरू सरकार ने समायोजन के नाम पर अपने नागालैंड प्रांत की कुछ भूमि और बंगाल की खाड़ी के कुछ द्वीप बर्मा को तथा पं0 बंगाल का बेरूबाड़ी इलाका पूर्वी पाकिस्तान (अब बंगलादेश) को दिया। चीन ने अरूणाचल प्रदेश के तवांग, लौंगजू और सामद्रोग चू घाटी में 2 हजार वर्ग किलोमीटर भूमि दबा ली। इंदिरा गाँधी ने 1974 में कच्चातीबू द्वीप श्रीलंका को भेंट कर दिया। नरसिम्हाराव सरकार ने 1993 में तीन बीघा नामक क्षेत्र बंगलादेश को 999 वर्ष के लिए सौंप दिया। यह है हमारे सिकुड़ाव का हालिया इतिहास। हमारी पवित्र मातृभूमि निरंतर विभाजन के घावों से क्षत–विक्षत है।

देश की आजादी के बाद जो भी सरकारें रही हैं। उनकी नीति भी अच्छी नहीं रही। यदि भारतवर्ष की विदेश नीति श्रेष्ठ रहती तो चीन, और पाकिस्तान के साथ युद्ध नहीं करने पड़ते और अपनी हजारों वर्ग किलोमीटर भूमि भी न गवानी पड़ती।

सीमाओं पर मंडराता चीन पाकिस्तान का खतरा–दिसम्बर 2008 में डॉकबग (लद्दाख) पर कब्जा कर तथा वहां से भारतीय चरवाहों को भगाकर चीन ने अपनी पुरानी विस्तारवादी नीति की याद ताजा कर दी। 1950 में तिब्बत पर कब्जा करने के बाद से ही उसने भारतीय सीमा क्षेत्रों को हड़पना शुरू कर दिया था। 1951 में हुए पंचशील समझौते में पं0 जवाहर लाल नेहरू ने चीन के तात्कालीन प्रधानमंत्री चाओं ऐन लाई के समक्ष पलायनवादी रवैया अपनाते हुए तिब्बत की राजधानी ल्हासा से भारतीय सेनाओं का वापस बुलाकर तिब्बत को चीन की झोली में डाल दिया। परिणाम आज भी तिब्बत धर्मगुरू श्री दलाई लामा धर्मशाला में रह कर निर्वासित जीवन जी रहे हैं।

पं0 नेहरू के अदूरदर्शितापूर्ण रवैये के परिणामस्वरूप चीनी

सेनाओं ने 42,735 हजार वर्ग किमी भूमि कश्मीर में और नेफा (अरूणाचल प्रदेश) में लगभग 2000 वर्ग किमी क्षेत्र पर कब्जा लिया। इसमें पाकिस्तान द्वारा अपने कब्जे वाले कश्मीर से 1963 में तोहफे के रूप में चीन को दी गयी 5180 वर्ग किमी भूमि शामिल है। इसके साथ ही चीन–पाक गठबंधन भारत को तंग करने के लिए अस्तित्व में आ गया। चीन ने पाक को हर प्रकार की मदद दी। चीन कश्मीर को पाकिस्तान और अपना तथा अरूणाचल को केवल खुद का हिस्सा मानता है। आज पाकिस्तान का ग्वादर बंदरगाह बनाकर चीन सिंधु सागर पर दृष्टि रख रहा है। पाकिस्तान अधिकृत कश्मीर में चीन के सैनिक और निर्माण इंजीनियर भारी संख्या में मौजूद हैं। अन्तर्राष्ट्रीय बाजारों में चीन अपने माल को सस्ते दामों पर बेचकर भारतीय निर्यात व्यापार के लिए कठिनाईयां खड़ी कर रहा है। भारत के बाजार में भी उसका सस्ता माल यहां के उद्योग धंधों को चौपट कर रहा है। अन्य उद्योगों के अलावा अब वह यहाँ के दुग्ध उद्योग पर दृष्टि गड़ा रहा है। माओत्से तुंग के पंजा सिद्धान्त (तिब्बत एक हथेली, जिसके साथ कश्मीर, नेपाल, सिक्किम, भूटान और अरूणाचल पांच उंगलियां–जो चीन को चाहिये) को उसके उत्तराधिकारियों ने माओं के पैंतीस साल बाद भी छोड़ा नहीं है।

अब देश के शासन को चाहिए की पाकिस्तान सीमा पर चीन की दीवार की तरह एक दीवार बनाई जाए यह सड़क (भारत की महान दीवार) पूरे जम्मू कश्मीर पर सुरक्षा तथा यातायात के साधन देगी लेकिन इससे पहले पाक अधिकृत कश्मीर पाकिस्तान से वापिस लिया जाए। पाकिस्तान के अन्दर भारतीय सीमा पर या पाक अधिकृत कश्मीर में चल रहे आतंकवादी शिविरों पर सैन्य कार्यवाही करके, उन्हें बन्द कराया जाए। देश में जो भी आतंकवादी जेलों में बन्द है उन्हें तुरन्त सजा दी जाए। तथा जो आतंकवादियों का प्रत्यक्ष या अप्रत्यक्ष समर्थन करे उसे भी कानून के हवाले किया जाए।

बंगलादेश – सन् 1971 में बंगलादेश पाकिस्तान से आजाद हुआ था। तब से आज तक भारत बंगलादेश की सहायता करता आया है। कुछ वर्षों तक बंगलादेश के सम्बन्ध भारत से अच्छे रहे, लेकिन अब वह भी पाकिस्तान की राह पर चलने लगा

है। बंगला देश की सीमा से भी धुसपैठ होती है। भारतवर्ष व बंगलादेश का साढ़े छः कि0मी0 का सीमवर्ती क्षेत्र ऐसा है जिस पर अभी भी विवाद बना हुआ है। वर्तमान में 4 करोड़ से भी अधिक बंगलादेशी नागरिक भारतवर्ष में घुसकर स्थायी रूप से बस चुके है, जिनके कारण भारतवर्ष की जनंसख्या बढ़ी, विशेष रूप से असम प्रदेश में। भारतवर्ष का कोई भी शासन, आज तक घुसपैठ करके आये, इन करोड़ों बंगलादेशीयों के विषय में कोई नीति नहीं बना सका, क्यों?

यदि बंगलादेश से आए घुसपैठियों को वापस बंगलादेश नहीं भेजा गया तथा आगे आने वाले घुसपैठियों को नहीं रोका गया तो देश में एक दिन गम्भीर स्थिति उत्पन्न हो जाएगी। ये हमारी सुरक्षा के लिए खतरा बन जाएंगे। असम में तो यह स्थिति है कि आने वाले 10–15 वर्षों में बंगलादेश अलग देश की मांग न कर बैठे तो ताजुब नहीं, लेकिन यह बस देश के, विशेषकर असम के, नेताओं के कारण हैं।

यदि बंगलादेश की सीमा पर सुरक्षा की बात करें तो हमें मालूम है कि बह्मपुत्र नदी आसाम से निकल कर बंगालदेश में जाती है। यदि इस नदी से बड़ी नहर निकाल कर बंगलादेश भारत–सीमा से होती हुई बंगाल के रास्ते बंगालादेश की सीमा पर बहाई जाए तो सैनिक नौकाओं द्वारा सीमा पर घुसपैठ का नियन्त्रण हो सकता है। यह कार्य पूरे बंगलादेश सीमा पर किया जाए जहां–जहां मैदानी भाग है 'साथ ही साथ तारों की बाड़ लगाई जाए। पहाड़ी सीमा पर 'भारत की महान दीवार' बनायी जाए।

घुसपैठ रोकने के लिये बंगलादेश के शासन को स्पष्ट चेतावनी दे देनी चाहिये तथा सीमा पार करनेवालों को तुरन्त गोली मार देने का आदेश होना चाहिए। घुसपैठ रोकने तथा बंगलादेश के घुसपैठियों को वापस बंगलादेश भेजने का जो भी विरोध करे, उसे देशद्रोह के अपराध में बन्दी बनाया जाए तथा उसे कठोर सजा दी जाए।

बंगलादेश के साथ सीमा विवाद को खत्म कर व्यापार पर ध्यान अधिक दिया जाए तथा सैनिक सहयोग पर भी ध्यान दिया

जाए।

श्रीलंका– श्रीलंका व भारत के पूर्व से ही दोस्ताना सम्बन्ध रहे हैं। भारत ने श्रीलंका की बहुत मदद की है। भारत श्रीलंका को चाहिए कि 'राम सेतू' का निर्माण फिर से किया जाए तथा भारत से लंका तक पुल बना कर एक ऐतिहासिक कार्य करना चाहिए। इससे व्यापार व सम्बन्ध और गहरे होंगे। भारत को सैनिक सहायता, उपकरण आदि श्रीलंका को समय पर उपलब्ध कराकर व्यापार के नये द्वार खोलने चाहिए। श्रीलंका के यहाँ नो सैनिक अड्डे, सैनिक हवाई अड्डे बनाकर सम्बन्ध और गहरे करने चाहिएं।

भारत से सटे दूसरे देश – भारत सरकार भारत से सटी विदेशी सीमाओं पर (200–200 किमी0 क्षेत्र भारत में) युवाओं को नौकरियों में आरक्षण देवे ताकि भारतीय युवा बेरोजगार न रहे तथा वो विदेशी ताकतों के बहकावें में न आवें। दूसरा कार्य भारत सरकार यह करे कि भारत से सटे दूसरे देश (नेपाल, बंग्लादेश, भूटान, श्रीलंका, वर्मा आदि) की सीमाओं (200–200 किमी0 तक) के अन्दर (उन देशों में) उद्योगिक क्षेत्र स्थापित करे (उन देशों से समझोता कर) ताकि उन देशों में रहने वाले व्यक्ति युवा जो भारत देश की 200–200 किमी0 सीमा में रहते हैं बेरोजगार न रहे तथा आतंकवादी गतिविधियों में संलिप्त न हों। यदि हमारे पड़ोसी धनवान होंगे तो सही राह पर चलेगें तथा चीन, USA जैसे देश भी उन्हें बहकाने में सफल नहीं होगें वो हमारे मित्र बने रहेंगे।

इसी प्रकार नेपाल, भूटान, मालद्वीप, बर्मा, थाईलैण्ड से व्यापार, सैनिक सम्बन्ध बढ़ाकर दोस्ती के नये द्वार खोलने चाहिए। इन देशों के साथ सैनिक साजो समान का व्यापार करना चाहिए। इसी प्रकार चीन के साथ व्यापार बढ़ाकर, शिक्षा, चिकित्सा और सांस्कृतिक उन्नति के क्षेत्र में समझौते करने चाहिए।

आर्यावर्त निर्माण – भारत को चाहिए कि जो देश पूर्व में भारत के अभिन्न अंग थे, उनसे दोस्ती कर एक संयुक्त देश (आर्यावर्त) बनाये। इन देशों में नेपाल, श्रीलंका बर्मा, थाईलैण्ड, जावा, सुमित्रा, भूटान, बंगलादेश, अफगानिस्तान, पाकिस्तान, मालद्वीप हैं। भारत इन देशों में, एक–एक आई0आई0टी0, ए0आई0आई0एम0एस0, आई0आई0एम0 जैसे विश्वविद्यालय खोले जिनका पाठ्यक्रम ऐसा हो कि भारत एवं उन देशों के लिए उपयोगी हो न कि भारतीय

आई0आई0टी0 का जो कि अमेरिका के लिए तकनीकि विशेषज्ञ तैयार करता हो। इसके अतिरिक्त भारत इन देशों को सैनिक सहायता देवे तथा व्यापार को बढावे। गुरूकुल आश्रम खुले, इन देशों का संयुक्त रूपया हो। इस प्रकार एक शाक्तिशाली राष्ट्र के रूप में इस क्षेत्र को उभारा जा सकता है।

अपराध, बलात्कार

अपराध, बालात्कार रोकने के उपाय–

- **मुकदमों का जल्द निपटारा–** आज फैसला आने में उम्र बीत जाती है, व्यक्ति को न्याय तो क्या फैसला सुनने में भी पूरी जिन्दगी काट देनी पड़ती हैं। देश में 5 हजार अदालतें बनाई जायें जिनको अत्याधुनिक कर 12 माह, सातों दिन कार्यों के लिए खोला ज ाए। फास्ट ट्रेक अदालतें बनायी जायें।
- हमारी न्याय व्यवस्था इस प्रकार की बनाई गई है कि न्याय न करके कानून के अनुसार फैसला सुनाया जाता है। कानून के अनुसार फैसला न सुनाकर न्याय किया जाये। लोग न्याय से वंचित रहते हैं। हमारी व्यवस्था में न्याय करने का कोई प्रावधान नहीं है। यही कारण है कि दोषी बच जाते हैं तथा निर्दोष दण्डित होते हैं।
- **फाँसी की सजा–** बालात्कारी, आंतकवादी, नर–बली करने वाले को एक माह में ही न्याय कर सरे आम फॉसी का कानून बनाया जायें।
- **अपराधी–बालात्कार किस्म की फिल्म और नाटकों पर रोक–** यहॉ जनता अनपढ़, कम शिक्षित, ना समझ है, राजनैतिक समझ नही, गरीब है । इन लोगों पर फिल्म, नाटक, समाचार पत्र–पत्रिकाओं का अति प्रभाव पड़ता हैं। अतः अपराध–बालात्कार कम करने के लिए अपराध–बालात्कार दिखाने वाली फिल्मों–नाटकों तथा टी.वी. धारावाहिकों पर रोक लगें।
- **पुलिस एक्ट मे सुधार–** पुलिस का राजनीतिकरण व राजनीति का अपराधी करण खत्म हो। 22 मार्च 1861 में अंग्रेजों के

बनाए पुलिस कानून को बदल कर ऐसा कानून बनाया जाए कि पुलिस जनहित में कार्य करे तथा अन्याय एवं भ्रष्टाचार न कर सके। पुलिस को Right to offence न हो। पुलिस एक अथारिटी के रुप में कार्य न कर लोगों के प्रति जवाबदेह हो।

➤ **पुलिस संख्या बढ़े–** आज अधिकतर पुलिस VIP सुरक्षा में लगी रहती हैं। जनता सुरक्षा चौपट है। अतः पुलिस को 3 भागों में बांट देना चाहिए। (1) जनता सुरक्षा सेवा (2) घटना जांच, एवं (3) **VIP** सुरक्षा सेवा। व्यक्ति अपने आप को असुरक्षित न समझे। पुलिस–में नशों को रोक भ्रष्टाचार पर रोक लगे तथा पुलिस में अध्यात्म योग को बढ़ावा दें।

➤ **राजनैतिक क्रान्ति–** राजनीति करने के सख्त नियम बने। अपराधी, भ्रष्ट, राजनीति में न आ सकें, इसके लिए कानून बने।

➤ **कालाधन–** कालाधन को राष्ट्रीय सम्पत्ति घोषित कर, वापिस देश में लाकर बेरोजगार नौजवानों, गरीबों के लिए तथा देश के विकास एवं देश का ऋण चुकाने के लिए उस धन का प्रयोग किया जाए। रोजगार शुरु कराये जायें। गरीबी, बेरोजगारी भी अपराध को जन्म देती है, अतः देश की लूट को बन्द किया जायें। आयकर विभाग को शक्ति सीमित करनी होगी ताकि यह विभाग भ्रष्ट न बन सके। जब स्वयं मूल्यांकन Self Assement के आधार पर नागरिक कर देता है तो आयकर विभाग की दखल अन्दाजी का कोई स्थान नहीं रह जाता। अधिक दखल अन्दाजी केवल भ्रष्टाचार को जन्म देती है। दूसरी तरफ 6% से अधिक कर न लगाये जायें तथा अन्यकर भी 6% से अधिक न लगाये जायें। VAT भी 6% से ज्यादा न हो वह एक स्तर पर हो। जब केवल 5 प्रतिशत पैसा ही विकास कार्य के लिए खर्च होता है बाकि भ्रष्ट अधिकारी एवं नेता खा जाते हैं तो गरीब ईमानदार जनता पर कर का बोझ क्यों। अतः कराधान व्यवस्था में पुनरीक्षण की आवश्यकता है। अंग्रेजों द्वारा बनाई गई कर प्रणाली भारतीयों का शोषण एवं अंग्रेजी शासकों के पोषण के लिए तैयार की गई थी। वही कर व्यवस्था आज भी लागू है, जो कि जनहित में नहीं है एवं

काले धन की जनक है। यदि देश में काला धन न होगा तथा हर नागरिक समृद्धिशाली होगा तो देश का विकास होगा।

➤ **शराब एवं नशे पर पूर्ण पाबन्दी–** शराब एवं नशे के कारण बुद्धि नष्ट हो जाती है, गलत सोच की और बढ़ती हैं। अपराध को बढ़ावा देती है, अपनी नशें की आदत से अनावश्यक खर्चों को बढ़ाती है इसी कारण अपराध–बालात्कार के केश घटित होते हैं। व्यक्ति भ्रष्टाचार की और बढ़ भ्रष्टाचारी हो जाता है। आप स्वयं परीक्षा कर सकते हैं कि नशा करने वाले कितने भ्रष्टाचारी, बालात्कारी व नशा न करने वाले कितने भ्रष्टाचारी, बालात्कारी है। नशे पर पाबन्दी लगा देने से अपराध में कमी आएगी व बालात्कार में तो 70–80 प्रतिशत कमी आ जायेगी। अतः नशीले पदार्थों के उत्पादन पर तुरन्त रोक लगाई जाए।

➤ **फैशन पर रोक–** फैशन के कारण मन विकृति बढ़ती हैं, मन कामुकता की तरफ जाता हैं चूकि अधिकतर फैशन व फैशन शो में नग्नता दिखायी जाती हैं।

➤ **शिक्षा का भारतीयकरण–** शिक्षा में राष्ट्रभक्ति कम है, संस्कारों की भी कमी है, व्यावहारिक ज्ञान की कमी है, समाज सभ्य करने की बात शिक्षा में नही पढ़ायी जाती, जैसा कि भारतीय शिक्षा में हुआ करता था। हमे असभ्य करने, हमे लम्बे समय तक गुलाम बनाने को यह वर्तमान शिक्षा मैकाले ने चलायी थी। अतः शिक्षा का भारतीयकरण किया जाये। वैसे भी वर्तमान शिक्षा केवल 1 या 2 प्रतिशत लोगों को रोजगार देने मे समर्थ है। वर्तमान शिक्षा केवल 2 करोड़ भारतीयों को रोजगार देने में सक्षम है। 118 करोड़ व्यक्ति स्वरोजगार कर आजीविका चलाते हैं। भारतीय प्राकृतिक, जैविक संसाधनों का सर्वेक्षण कर, विभिन्न प्रकार के रोजगारों का सर्वेक्षण कर शिक्षा व्यवस्था में नये आयाम जोड़े जाएं ताकि शिक्षा देश में प्रचलित विभिन्न रोजगारों की तकनीक को विकसित करने वाली हो एवं लोगों की स्वरोजगार में दक्षता बढा सके।

➤ **मनोरंजन के साधन बढ़ाना–** सरकार को सुनिश्चित करना चाहिए कि संस्कार देने वाले कार्यक्रम ही टी. वी पर दिखाए जाएं।

भ्रष्टाचार

आज हमारे देश में लोकतन्त्र नहीं भ्रष्टतन्त्र काम कर रहा है। भ्रष्टाचार में डूबे व्यक्ति सुख भोग रहे हैं। एक सच्चा आदमी सत्यमार्ग पर चलने वाला, सैद्धान्तिक व्यक्ति, देशभक्त व्यक्ति दुःखी है। किसी भी विभाग में जाओ तथा भ्रष्टों के घूस के बिना काम नहीं चलता। देश के अनेक राजनेता बहुत वर्षों से बहुत से घोटाले करते आ रहे हैं, परन्तु किसी को सजा नहीं दी जा सकी चूंकि वे ताकतवर एवं प्रभावशाली हैं। कानून आम जनता को कष्ट देने के लिये तथा भ्रष्टों को बचाव के लिये बना रखा है। वरना भ्रष्टाचार करने वाला राजनेता देशद्रोही क्यों नही घोषित किया जाता। हमारी न्याय व्यवस्था दुर्बल है। भ्रष्टाचार खत्म हो सकता है यदि राजनेताओं के बीच से भ्रष्टाचार खत्म हो जाए। वो देशभक्त हो जाये।

हमें भ्रष्ट नेताओं के दण्ड देने के लिये कठोर कानून बनवाने होगे। उन कानूनों को लागू करने वालों को आगे लाना होगा। इसके लिए चाहे हमें हथियार ही क्यों न उठाने पड़ें। भारत के स्वाभिमान के लिए एक नई क्रान्ति लानी है तभी देश बचेगा तभी हम सब बचेगें।

इन्दिरा गाँधी के कार्यकाल में प्रधानमंत्री कार्यालय से दस्तावेज चोरी हो गये और इस मामले को भ्रष्ट नेताओं के हित में दबा दिया गया। हमारे वर्तमान प्रधानमन्त्री मनमोहन के मातहत कोयला मन्त्रालय से फाइलें गायब हो जाती हैं। सेना के गोपनीय दस्तवेज चोरी हो जाते है, अदालतों से पूरी की पूरी फाइलें चोरी हो जाती हैं। मुकद्दमें की तारिक बार–बार लम्बी अवधि के लिए

आगे बढ़ा दी जाती है। फाइलों को आगे पीछे करने, आदि बहुत सी भ्रष्टाचार की बातें है।

भ्रष्टाचार के मुख्य कारण –

1. राजनीति– अनेक राजनेता सत्ता में अधिक अधिकार प्राप्त करने तथा राजनैतिक चुनाव जीतने के लिए अधिक धन प्राप्त करने क लिए भ्रष्टाचार करते रहते हैं। अतः चुनाव में जनता द्वारा एकत्र धन ही लगे स्वयं का धन 20–30 हजार ही लगे ऐसा कानून हो।

2. धन का लोभ– आज मनुष्य बिना सत्य परिश्रम किये ही अधिक से अधिक धन कमाना चाहता है। जिससे भ्रष्टाचार में लिप्त हो जाता है।

3. अधर्म का मार्ग अपनाने से– अनेक स्त्री पुरूष केवल व्यभिचार के कारण, गलत रास्तों पर चलने के कारण रूपया गलत कार्य में खर्च करने के कारण भी भ्रष्टाचार के रास्ते पर चल पड़ते है। वे ईश्वर, धर्म–अधर्म, कर्तव्य–अकर्तव्य को भूलकर धन कमाने में लगे रहते है।

4. प्रशासन– अधिकांश राजकीय अधिकारी भ्रष्टाचार में लिप्त हैं। बड़े अधिकारी अपने नीचे के लोगों के स्थानान्तरण और पदोन्नति में, चयन में, साक्षात्कार में मोटी घूस लेते हैं। जनता के कार्य बिना घूस के नहीं करते हैं।

5. शराब– शराब पर यदि पाबन्दी लगादी जाए तथा लोगों को नशे से मुक्त करा दिया जाए तो भ्रष्टाचार स्वतः ही 50 प्रतिशत कम हो जाएगा। शराब पीने के बाद बुद्धि खराब हो जाती है, खर्च बढ़ जाते हैं। मनुष्य भोग विलास, भौतिकता की तरफ बढ़ जाता है। शक्ति कही नहीं मिलती। रूपये से शक्ति ढूढंता है। इस प्रकार रूपया कम पड़ने लगता है, घर में खर्च पूरे नहीं होते तो भी घूस लेना आदि गलत कार्य करने लगता हैं। शराब भी एक भ्रष्टाचार का कारण हैं। अतः लोगों की शराब छुड़वाई जाए। लोगों को धर्म कार्यों में लगाया जाए, राजनीति–प्रशासन में व्यवस्था परिवर्तन हो तो देश विकास करेगा।

6. जल्द न्याय न मिलने से– जब कोई भ्रष्टाचार करता है तो लोकपाल के तहत तुरन्त जांच हो 2 माह तक प्राथमिक जांच हो

फिर शिकायत सत्य पायी जाये तो उसके खिलाफ मुकदमा कर 6 माह मे न्याय आ जाना चाहिए। लेकिन इस प्रकार का न तो सख्त लोकपाल है, न देश में जल्द न्याय मिलता है, करोड़ों मुकदमें न्यायलय में पड़े हैं, इस कारण भ्रष्टाचारियों को कोई डर नहीं कि अपराध की जल्द सजा भी हो सकती है। यह भी एक कारण है भ्रष्टाचार बढ़ने का।

7.शिक्षा की अनिवार्यता– यदि व्यक्ति पढ़ा लिखा है तो कानून के बारे में भी पता चलता है, देश विदेश में क्या हो रहा है इसका भी पता होता है। यदि अनपढ़ है तो कोई बहका लेता है।

हमारे यहां लोकतन्त्र नही भीडतन्त्र है, भेडतन्त्र है, भ्रष्ट तन्त्र है। चपरासी से लेकर आई0ए0एस0, नेतागण सब भ्रष्ट हैं, वो सब सुख भोग रहे हैं। सच्चे लोग दुख भोग रहे हैं। हमारे देश में प्रत्येक वर्ष लगभग 25,000 करोड़ की घूस का लेने देन होता है। यदि इन 25000 करोड़ रूपयों को विकास कार्यों में लगाया जाए तो देखो कितना विकास होगा। गरीब, सच्चा तो घूस देगा ही नही वह तो बस दुखी ही रहता है। चूंकि बिना घूस के उसके कार्य नहीं होते व न ही उस पर घूस के लिए रूपये होते हैं।

घूसखोरों से कैसे निपटा जाए?

भ्रष्टाचारी का क्या समाधान हो सकता है –

1. जो भी भ्रष्टाचारी, घूसखोरों को पकड़वाये उसे उस घूस का 50 प्रतिशत दिया जायें। शेष घूस के रूपये सरकारी खजाने में जाये।
2. यदि वह व्यक्ति घूसखोर को पकड़वाये जिससे घूस ली जा रही है तो मांगी गयी घूस का 10 प्रतिशत सरकार अपनी तरफ से देगी पीड़ित व्यक्ति को तथा जो घूसखोर को पकड़वाये उस पीड़ित व्यक्ति का कार्य जल्द हो यदि वह सही है। सारा घूस का रूपया सरकार घूसखोर से लेगी। घूस देने वाले से नही।
3. जो 7–8 बार घूसखोरों को पकड़वाये उसके बच्चों को, उसको सरकारी नौकरी में आरक्षण तथा विशिष्ट पहचान पत्र बने उसका रेल यात्रा, बस यात्रा आदि में 55 प्रतिशत की छूट

आदि हो।

4. भ्रष्टाचार के खिलाफ, घूसखोरी के खिलाफ, एन0जी0ओ0, समाज सेवी संस्थाएँ बने हर तहसील स्तर पर।
5. सी0आई0डी0 के फोन नं0 ऐसे हो जिन पर आम जनता को रूपये न देने पड़े जैसे 100, 101 आदि न0 डायल करने पर होता है। ये फोन नं0 रोज समाचार पत्रों में, टी0वी0, आदि पर दिखाये जावें।
6. लोक शिकायत के लिये – मंत्रालय की व्यवस्था करें। लोक शिकायत सुनने एवं समाधान की संख्या 4–5 गुणा बढा दी जाए। लोक शिकायत फोन नं0 (टोल फ्री) अखबार आदि में रोज आवे।
7. राष्ट्रपति, प्रधानमंत्री, मुख्यमंत्री, राज्यपाल को तब सोना चाहिए जब प्रत्येक दिन 100–200 भ्रष्टाचारियों को बर्खास्त कर देवे। ऐसा ही प्रत्येक मंत्री को अपने अधिकार क्षेत्र में करना चाहिए। घूसखोर को तुरन्त प्रभाव से बर्खास्त करन के कानून बनाए जाएं।
8. घूस खोर, भ्रष्टाचारी, काम न करने वाले को पकड़वाने वाले का नाम गुप्त रखा जाए।
9. काम में रूचि न लेने वाले। काम न करने वाले को भी भ्रष्टाचारी माना जाए।
10. भारतीय संस्कृति, राष्ट्रभाषा का अपमान करने वाले को देशद्रोह की सजा दी जाए।
11. सूचना के अधिकार का सरलीकरण किया जाये। किसी भी नेता से, मंत्री से किसी भी सभा में जनता सीधे सवाल कर सकती है यह अधिकार जनता को हो, पुलिस द्वारा उसे न रोका जाए। यह जनता का मूल अधिकार होना चाहिए।
12. भ्रष्टाचार में लिप्त व्यक्तियों के खिलाफ चल रहे मुकद्दमें की सुनवायी जल्द हो इसके लिए अलग से न्यायालय बन। पूरे देश में न्यायधीशों की संख्या दुगुनी कर दी जाए। गाँव–गाँव जाकर लोगों को न्याय दिया जाए। न्याय व्यवस्था में परिवर्तन

हो, शीघ्र न्याय मिल सके ऐसा प्रावधान बने।

13. प्राइवेट तथा सरकारी जासूस ऐजेन्सियां बनें जो PWD, Public He, थाने, पुलिस, आयकर, न्यायालयों तथा अन्य भ्रष्ट विभागों पर निगरानी रखे।

14. प्राइवेट जासूस ऐजेन्सी (गैर सरकारी जासूसी संस्थाओं) को बढ़ावा देकर भ्रष्टाचार के खिलाफ आवाज बुलन्द की जाए।

देश में अनेकों राजनेता घोटाले करते आ रहे हैं लेकिन एक को भी सजा नहीं हुई। वरना राजनीति में, कानून में, सेना आदि में भ्रष्टाचार करने वालों को देशद्रोही घोषित किया जाए।

भ्रष्टाचार खत्म करने व नेताओं–सरकार की जवाब देही के लिए जनलोकपाल जरुरी–

भ्रष्टाचार तीन स्तर पर मुख्य रुप से देखा जा सकता है जिसे रोकना है– (1) जनता के बीच का भ्रष्टाचार, (2) नीचे स्तर के बाबू–अधिकारियों के बीच का भ्रष्टाचार व (3) ऊपर स्तर के अधिकारियों –नेताओं के बीच का भ्रष्टाचार।

ऊपर भ्रष्टाचार रोकने के जो उपाय बताये गयें हैं उनसे निचले स्तर का भ्रष्टाचार 70–80 प्रतिशत रुक जाएगा, इससे जनता को रिश्वत नही देनी होगी, जनता के बीच से स्वतः ही भ्रष्टाचार कम हो जाएगा तथा दूसरी तरफ देश में न्यायालयों की संख्या दुगनी–तीन गुनी की जाए, तथा न्याय जरुर (5–6माह में ही) मिलने लगे तो भ्रष्टाचार पर रोक लगेगी, अपराध भी कम होगें चूकि अपराध भी भ्रष्टाचार बढ़ाते हैं तथा भ्रष्टाचार अपराध बढ़ाता है। जब जनता को कानून, प्रशासन का डर होगा तो भ्रष्टाचार नही बढ़ेगा। लेकिन आज जनता गरीब है। दूसरे राजनीतिज्ञ भ्रष्ट हैं तो भी जनता परेशान है। तीसरे भ्रष्टाचार के खिलाफ सख्त कानून नही जिससे बड़े–छोटे स्तर पर भ्रष्टाचार पर नकेल डाली जा सके। अतः कालाधन पैदा न हो, राजनीति सुधर जायें, सख्त लोकपाल हो तो जनता के बीच से भ्रष्टाचार स्वयं ही खत्म हो जायेगा। देश की सम्पूर्ण समस्याओं के ये तीन ही समाधान हैं। ये तीन पहले ठीक हो जाये तो सारी समस्यायें स्वयं ठीक हो जायेगी।

देश में जो लोकपाल बनेगा वह निचले स्तर व ऊपर के स्तर के भ्रष्टाचार की निगरानी करेगा। राजनेताओं IAS, PCS जो भ्रष्ट है उनके भ्रष्टाचार को खत्म करने को कई बातें महत्त्वपूर्ण है, जैसे –

1. सिविल सेवा परीक्षा पास करके जाने वाले बाबू Joint Secretary (संयुक्त सचिव) के पद से ऊपर न जाएं। उससे उपर के अधिकारी विभिन्न विभागों से विशेषज्ञों को नियुक्त किया जाये। उनकी नियुक्ति स्थाई न हो। जो भी सरकार अथवा मन्त्री अपनी इच्छानुसार समकक्ष पद एवं विशेषज्ञता रखने वाले अधिकारियों को संयुक्त सचिव के ऊपर के अधिकारियों को अपनी सहायता के लिए चुन सकते हैं ताकि सरकार की उपलब्धियों एवं कार्यक्रमों में उनका उत्तरदायित्व निश्चित किया जा सके। वस्तुतः सिविल सेवा परीक्षा पास की भी आवश्यकता नही है, सिविल सेवा परीक्षा पास से लिए जाने वाले अधिकारी भी मैनेजमैंट की संस्थाओं से योग्यता के आधार पर चुने ता सकते हैं। वस्तुतः हमें मेनेजर की आवश्यकता है न कि अधिकारी की। लोकतन्त्र में अधिकारी तो जनता ही होती है, बाकि सभी मेनेजर होते हैं। जो जनता की आकांक्षओं के अनुरूप मेंनेजमेंट करते हैं।
2. CBI केन्द्र सरकार से पूर्णतः स्वतंत्र की जाए तथा वह स्वायत्त (सुप्रीम कोर्ट की तरह) संस्था हो। CBI के मुख्यिा का चुनाव एक चयन समिति द्वारा हो इस समिति में प्रधानमंत्री, विपक्षी पार्टी का नेता, सुप्रीम कोर्ट का जज आदि हो। CBI लोकपाल के अन्तर्गत आवे।
3. जनलोकपाल भी स्वयं स्वतंत्र संस्था हो उसका एक बजट लोकसभा में पारित हो, प्रत्येक वर्ष ऐसा हो ताकि भ्रष्टाचार के खिलाफ धन की कमी न आवें, गैरसरकारी संस्थाए भी इस धन से भ्रष्टाचार के खिलाफ आवाज उठा सकें।
4. जनलोकपाल के मुखिया का चुनाव भी स्लेक्ट समिति द्वारा CBI मुखिया की तरह हो।
5. जनलोकपाल को प्राथमिक जांच करने, गिरफ्तार करने,

जनलोकपाल फास्ट ट्रेक न्यायलय में मुकदमा चलवाने का भी अधिकार हो। आज जो भ्रष्ट नेता यह कहते है कि लोकपाल सर्वेसर्वा बन जाएगा या कहते है कि सारे अधिकार लोकपाल को नही दे सकते, 1 दिन वह ही देश चलाएगा, तानाशाह हो जाएगा ये सब बातें गलत हैं। लोकपाल को भ्रष्टाचार खत्म करने का ही अधिकार होगा, वह न्यायलय में जज को प्रभावित नही करेगा, नहीं सरकारी काम–काज को प्रभावित करेगा। जज, न्यायलय जनलोकपाल के अन्तर्गत नही होगा। उसे केवल जांच, गिरफ्तार करने का ही अधिकार होगा।

6. झूठी शिकायत पर 500–5000 रु0 या दो दिन की सजा का प्रावधान होना चाहिए। यदि शिकायत सच्ची मिले तो न्यायालय द्वारा भ्रष्टाचार से कमाए गए धन का 5 गुना recover किया जाये अथवा कम से कम एक साल तथा आजीवन सजा तक का प्रावधान हो।

7. प्रत्येक कार्य की समय सीमा हो जो समय पर जनता का कार्य न करे उसकी तनख्वा से 500 रु0 प्रतिदिन कटें। शिकायतकर्ता को सुरक्षा मिले। जो भ्रष्टाचारियों को बार–बार पकड़वाये उसे नौकरी मिले तथा भ्रष्टाचारी को नौकरी से बाहर किया जाये।

भ्रष्ट लोगों का देश–विदेश में काल धन

भ्रष्टाचार करके लाखों करोड) रुपये देश का धन स्विस बैंकों तथा अन्य देशों के बैंकों में भी जमा है। कहा जाता है कि प्रत्येक वर्ष विदेशी बैंकों में 72 लाख करोड़ रुपये देश के भ्रष्ट लोगों द्वारा जमा किया जाता है। देश में कुल काला धन लगभग 60 लाख करोड़ रुपये है। अर्थात् देश की सकल घरेलू उत्पाद (GDP) से भी अधिक का काला धन तो देश में ही है। इस समय हम आर्थिक गुलामी के दौर से गुजर रहे हैं। देश पर 61 लाख करोड़ से अधिक का ऋण है तथा उसका ब्याज देने का सामर्थ्य भी देश में नही है। ब्याज देने के लिये भी ऋण लेना पड़ता है। यही कारण है कि रूपये का अवमूल्यन हो रहा हैं, जिससे डालर की कीमत बढ़ती रहती है। इस काले धन को निकाल कर देश का

सारा ऋण चुकाया जा सकता है तथा हम आर्थिक गुलामी से बाहर आ सकते हैं। फिर एक रूपया बराबर एक डालर किया जा सकता है जिससे अन्ताराष्ट्रिय बाजार में हमारी वस्तुओं के दाम ज्यादा मिलेंगे तथा विदेशी वस्तुएं सस्ते दामों में मिलेंगी। इससे हमारे यहां मंहगाई कम होगी तथा देश समृद्ध होगा।

यदि विदेशी बैंकों में जमा व देश में जमा काला धन देश के विकास कार्यों में लगे तो हमारे देश का सकल घरेलू उत्पाद तो अमेरिका, जापान से भी अधिक हो जाएगा। चूंकि सम्पत्ति में हम जापान व अमेरिका से भी अधिक होंगें। अमेरिका का सकल घरेलू उत्पाद (GDP) लगभग 400 लाख करोड़ रुपये है। इसके बाद जापान का लगभग 200 लाख करोड़ रुपये हैं। GDP का अर्थ है कि देश के कारखानों, खेतों, सेवाओं के सभी क्षेत्रों एवं कुशल कारीगरों के हाथों होने वाला उत्पाद, जो कि भारत का 54 लाख करोड़ (सन् 2008 का आकड़ा) है। इस प्रकार यदि देखा जाए तो कालाधन मिलाकर हमारा GDP 374 लाख करोड़ हैं। काला धन भारत के विकास के कार्यों में लगे तो कितना विकास होगा। प्रवासी भारतीयों की कुल सम्पत्ति लगभग 400 लाख करोड़ रुपये है जो कि कहते है कि भारत में सब कुछ अच्छा रहे, ईमानदारी हो, भ्रष्टाचार न रहे, स्वच्छता रहे तो हम भी भारत में आकर अपना कार्य करेंगे। माना प्रवासियों में से आधा रुपयो भी भारत आया तो आने वाले 8–10 वर्ष में हम अमेरिका से भी अधिक ताकतवर होंगे, आर्थिक दृष्टि से भी सबसे आगे होंगे।

हमें विदेशों में जमा कालाधान देश में लाना है। अधिकतर कालाधन भ्रष्ट नेताओं एवं अधिकारियों का है। अतः एक जन क्रान्ति की जरूरत है, ताकि इन नेताओं के गद्दी से उतार कर ऐसे लोगों को बिठाया जाए जो इस कालेधन को राष्ट्रीय धन घोषित कर, देश में वापिस ला सकें। यह कालाधन इतना है कि हर व्यक्ति के हिस्से में 5 लाख रुपये आते हैं। यदि किसी घर में 6 सदस्य हैं तो उस घर के हिस्से में लगभग 30 लाख आयेगें। ऐसे पूरा देश मालामाल हो जाएगा।

हमारा प्रस्ताव है कि इस काले घन से पहले देश को ऋण मुक्त किया जाए। तदन्तर बची हुई शेष राशि से वृद्धों को पेंशन,

बेरोजगारी भत्ता तथा गरीब कन्याओं की शादी हेतु खर्च किये जायें।

यदि सरकार चाहे तो यह धन 6 माह के अन्दर–अन्दर देश में आ भी सकता है चूँकि कई देश विदेशों में जमा अपना कालाधन अपने–अपने देशों में ला भी चुके हैं जिनमें नाईजीरिया (522 मिलियन डालर), पेरू (180 मिलियन डालर), फिलीपीन्स (524 मिलियन डालर) जाम्बिया (52 मिलियन डालर) आदि देश हैं। ये देश अपना धन कुछ ही माह में वापस लेकर आ गये। राजनेता सन्धि के नाम पर देशवासियों की आँख में धूल झौंक रहें है, चूँकि कालाधन इन्हीं नेताओं का है या इनके सलाहाकार उच्च अधिकारियों का।

देश में जमा कालेधन को खत्म करने के लिए बड़े नोटों को चलन से बाहर करने का एक आदेश सरकार को पारित कर देना चाहिए। साथ ही जिन लोगों के पास अभी पांच सौ व हजार आदि के बड़े नोट हैं उनके लिये 5 से 10 लाख तक कोई भी एक राशि निर्धारित कर देनी चाहिए, उतनी राशि के उनको छोटे नोट दे देने चाहिए तथा जिन लोगों के पास 5 से 10 लाख रूपये से अधिक कालाधन जमा है, तो उसमें 5 से 10 प्रतिशत या अन्य कोई भी न्यासंगत एक निर्धारित टैक्स लेकर उस धन को बैंक के माध्यम से व्यापार आदि किसी भी व्यवहार में लगाने के लिए निर्देश देना चाहिए। किसी भी व्यक्ति के पास 1 लाख से अधिक रूपए कैश के रूप में नहीं होने चाहिए। हमें अपने रूपये पैसे का व्यवहार बैंकों से। ए.टी.एम व क्रेडिट कार्ड या चैक या अन्य संवैधानिक तरीकों से ही करना चाहिए। साथ ही सभी प्रकार के टैक्स समाप्त करके आयकर अथवा VAT मिलाकर 16 प्रतिशत से अधिक का प्रावधान नही होना चाहिए। VAT भी एक ही stage पर लगना चाहिए। इससे एक तरफ देश के विकास के लिए पर्याप्त की पूंजी मिलेगी वही टैक्स में चोरी, कालाधन, भ्रष्टाचार नकली करेन्सी व आतंकवाद जैसी समस्याओं का अन्त हो सकेगा।

अन्त में हमे विचार करना है कि क्या भ्रष्टचार के खिलाफ कानून बनाने से भ्रष्टाचार खत्म हो जायेगा? या नहीं। हमें विभिन्न क्षेत्रों में सख्त कानून बनाने होगें तथा उनको सख्ती से लागू

कराना होगा जो कानूनों का अनजाने में भी पालन न करे प्रथम बार उस पर आर्थिक दण्ड देना होगा फिर सीधे जेल। हमें भारतीय संविधान, भारतीय जनता यहाँ की संस्कृति, सभ्यता अनुसार कानून एवं कर लागू करना होगा, राजनीति के स्पष्ट, नियम कानून बनाने होगें, जिससे अनपढ़, वृद्ध, भ्रष्टाचारी, अपराधी चुनाव न लड़ सके। हमें कुछ मामलों में सीधे फाँसी की सजा का प्रावधान रखना होगा जैसे नकली, प्रतिबन्धित दवा–रसायन बेचने वाला, मिलावटखोर, रिश्वतखोर, आतंकवादी, गौहत्यारा आदि। हमें सभी अंग्रेजी कानूनों को बदलना होगा जिससे किसान–मजदूर व अन्यों को सही समय (2–3 माह) पर ही न्याय मिल सके। सबसे बड़ी बात यह है कि हमें अपने देश की सुख–शान्ति के लिए भ्रष्टाचार मुक्त समाज के लिए मैकाले शिक्षा पद्धति के स्थान पर भारतीय शिक्षा को स्थान देना होगा, इसके लिए कानून बनवाना होगा। देश में अश्लीलता को बढ़ावा देने वाले विज्ञापनों, फिल्मों, समाचार पत्र–पत्रिकाओं, फैशन पर पाबन्दी लगानी होगी। देश में टेलीविजन कार्यक्रमों का समय निश्चित (प्रातः 4 से सांय 9 बजे) करना होगा। देश वासियों को योग आदि के माध्यम से सुबह जगाकर आध्यात्म की ओर ले जाने के लिये गांव–गांव में शिक्षा के ''वैदिक पाठशाला आश्रम'' खोलने होगें। देश में द्रव्य (धन) बहाव को नियमित करना होगा। जिससे सभी का एक समान अनुपात में विकास हो सके। तभी जाकर हम भ्रष्टाचार मुक्त समाज में, विकसित राष्ट्र में श्वांस ले सकेंगे।

उपसंहार

वैदिक काल भारत का स्वर्णिम युग था, राजनैतिक दृष्टि से भी व आर्थिक दृष्टि से भी। यह मैकाले शिक्षा का परिणाम है कि हमारा राजनैतिक पतन हुआ व आर्थिक पतन भी। देश के 1947 में आजाद हो जाने के बाद हमने वो सुधार नहीं किये जो करने चाहिए थे। हम अंग्रेजों की नीति पर ही चले। हमारे राजनेताओं ने कानून, शिक्षा आदि की नीतियां भारतीय समाज अनुरूप नहीं बनायी, राजनीति के सख्त कानून नहीं बनाये तथा जो कानून भी बनाए उनको सख्ती से लागू नहीं किया। इन सबका परिणाम यह हुआ कि जनता, अंग्रेजी राज की तरह सहती गयी, राजनेता लूटते रहे तथा आज भ्रष्टाचार, राजनीति का अपराधीकरण इस कदर हो गया कि हर व्यक्ति भ्रष्ट राजनीति से परेशान है, देश के विकास की दर उतनी नहीं जितनी होनी चाहिए थी। पूर्व हमें गुलाम हमारी तुच्छ राजनीति, स्वार्थ, भ्रष्टाचार ने ही बनाया था फिर उसी राह पर हैं। आजादी के इन 64 वर्षों में जो समस्याएं, चुनौतियां व भयावह दर्दनाक परिस्थितियां राष्ट्र में पैदा हुई है, वे इस बात का प्रमाण है हमारी नीतियां व व्यवस्थाएं देशवासियों को न्याय नहीं दे पा रही है। हमारे देश में विभिन्न क्षेत्रों में जो भी समस्याएं है उनका मूल कारण भ्रष्ट राज व्यवस्था है, ये भ्रष्ट राजनेता ही है। अतः आज देश की भ्रष्ट राजनीति को बदलकर देश की नीतियों व पूरी व्यवस्था को नए सिरे से पुन संरचना की नितान्त आवश्यकता है।

हमारी भ्रष्ट राजनीति का ही परिणाम है कि 18 करोड़ विद्यार्थी विद्यालयों में प्रवेश करते है लेकिन मात्र 1 करोड़ विद्यार्थी

ही अपने उच्च शिक्षा प्राप्ति के लक्ष्य को प्राप्त कर पाते हैं। हमारे देश में 65 प्रतिशत व्यक्ति अपनी बीमारी का उपचार नहीं कर पाते, गरीबी के कारण सात लाख करोड़ रूपये देश के लोगों के रोगों को नियन्त्रित करने में खर्च हो जाता है। आज भी अंग्रेजों वाले ऐसे तीस हजार से भी ज्यादा कानून देश में लागू है जो देश कि जनता को परेशान किये हुए है। इस भ्रष्ट राजनीति के कारण जनता को समय पर न्याय नहीं मिलता, उसमें भी 100 अपराधियों में से 5 अपराधियों को ही हमारी न्याय व्यवस्था दण्ड दे पाती है। भ्रष्ट राजनीति के ही कारण 100 में से 30 हमारी बहन बेटियों के साथ जिन्दगी में कभी न कभी दुराचार होता है। प्रतिवर्ष 1 करोड़ बेटियों की गर्भ में ही हत्या कर दी जाती है। प्रति घण्टा 2 बेटियों के साथ बलात्कार व 3 बेटियों की दहेज के लिए हत्या कर दी जाती है।

देश का जी0डी0पी0 82 लाख करोड़ (2012 के आंकड) होने के बाद भी 84 प्रतिशत लोग मात्र 20–21 रू0 प्रतिदिन पर अपना गुजारा करते हैं देश के 250 जिले नक्सलवाद से ग्रस्त है। हमारे देश का 'मानव विकास सूची' में नाम 134 वे स्थान पर है।

देश की आजादी के 66 वर्षों के बाद भी आधे किसान कर्ज में डूबे हैं जबकि नेताओं के बैंक खाते विदेशों में भी है, कालाधन छिपाने के लिए। यह भ्रष्ट राज व्यवस्था का परिणाम नहीं तो क्या हैं? आज किसानों की आय का 84 प्रतिशत खर्च खाद–बीज कीटनाशकों पर खर्च हो जाता है, किसान को अपनी फसल भाव लगाने का भी अधिकार नहीं। वहीं लाखों एकड़ कृषि योग्य भूमि बेकार पड़ी है। उसे प्रयोग में लाने के उपाय नहीं किये गए है। देश में सिंचाई योग्य वर्षा जल को रोक कर उसे कृषि प्रयोग में नहीं लाया जाता। सभी का कारण हमारी भ्रष्ट राजनीति हैं

आज राजनीति में लोग आते हैं तो उद्योग समझकर, नाम कमाने के लिए, देश सेवा के लिये नहीं, आज वो नीतियां लागू की जाती है कि जिससे पार्टी मजबूत हो, भले ही राष्ट्र का नुकसान हो। नीतिया ऐसी लागू की जाती है जिससे भ्रष्ट राजनेता लम्बे समय तक राज कर सकें, यह सोच कर नीतियाँ लागू नहीं होती

कि देश को लाभ हो। वरना बताओ अंग्रेजी पुलिस कानून, किसान विरोधी कानून आदि 34 हजार से भी अधिक कानूनों में सुधार क्यों नहीं करते, शिक्षा नीति को क्यों नही सुधारते?

चुनाव लड़ने के कोई कानून नहीं है जिससे भ्रष्ट, अपराधी चुनाव न लड़ सके। साक्षरता की बात ही नहीं चुनाव लड़ने में। बूढे, अनपढ़ कोई भी चुनाव लड़ सकते है। अधिक वोट प्राप्त करने वाला चाहे 10 प्रतिशत वोट ही प्राप्त करे लेकिन एम0पी0/एम0एल0ए0 बन सकता है आज राजनीति के कानून बनाने की आवश्यकता है। चुनाव आयोग के अधिकार बढ़ाने की आवश्यकता है।

हमारे संविधान में बहुत से सुधारों की जरूरत हैं अभी तो सरकार, नेताओं को यह भी मालूम नहीं कि इस देश का नाम भारत है या इण्डिया, समान नागरिकता किसे कहते है? हिन्दी राष्ट्र भाषा लागू करने के साथ अन्य कानून के बारे में बहुत सी दुविधा–समस्याएं ऐसी है जो हमारा संविधान स्पष्ट से नहीं बताता। अतः संविधान को सुधारने की आवश्यकता है। धारा 370 भी एक बड़ी समस्या है, जिसको हटाना आवश्यक हैं। इसी प्रकार राष्ट्रगान में आये शब्दों से भी आपत्ति है, वैसे भी यह जार्ज पंचम की स्तुति में गाया गया गीत है, अतः इसके बारे में भी सुधार अथवा राष्ट्र के लिए नए गीत की आवश्यकता है।

अतः सम्पूर्ण व्यवस्थाओं को बदलने के लिए, देश के प्रत्येक क्षेत्र में खुशहाली के लिए भ्रष्टाचार खत्म करने के लिए व्यवस्था में एक आमूल चूल परिवर्तन की आवश्यकता हे। आज देश को फिर से क्रान्ति की जरूरत है।

व्यवस्था परिवर्तन की आवश्यकता

कालाधन की वापसी–

1. लोक सभा में प्रस्ताव पारित कर, मतदान के बाद, विदेशी बैंक में जमाधन को भारतीय सम्पत्ति घोषित कर वापिस देश में लाया जाए तथा उससे देश को ऋण मुक्त कर वृद्धों, बेरोजगार

युवाओं तथा गरीब बेटियों की सहायता की जाए।

2. 2006 से पेन्डिंग ''यूनाईटेड नेशन्स कन्वेंशन अगेंस्ट करपशन'' की संधि का अनुमोदन किया जाये।

3. कालाधन के आने का मॉरीशस रूट को बन्द किया जाये।

4. देश में स्विट्जरलैण्ड व इटली के विदेशी चोर बैकों पर प्रतिबन्ध लगाया जाये।

5. ट्रांस्पेरेन्ट फॉरेन एकाउन्ट पॉलिसी की तुरन्त घोषणा की जाये।

6. 500 व 1000 रुपये के नोटों पर पाबन्दी लगायी जाये़ं।

8. सभी टैक्स समाप्त कर दिये जायें। आयकर अथवा VAT मिलाकर 16 प्रतिशत से अधिक न हो।

सख्त जनलोकपाल लाओ–

1. जनलोकपाल को सख्ती के साथ तुरन्त लागू किया जाये।
2. रिश्वतखोर, घोटालेबाज, मिलावटखोर, प्रतिबन्धित दवा रसायन बेचने वालों को पकडवाने वाले व्यक्ति को इनाम (कम से कम 10000 रू0) व सुरक्षा का कानून बने।
3. सभी एम0पी0 / एम0एल0ए0 / आई0ए0एस0 / पी0सी0एस0 / सचिवों व अन्य जिला स्तर पर के अधिकारियों के धन व धन स्रोतों की जांच की जाये तथा भ्रष्ट, रिश्वत, मिलावटखोर को 6 माह के अन्दर फैसला सुनाकर धन की रिकवरी / सम्पत्ति कुर्क की जाये। एक बार धन की रिकवरी कर माफ कर दिया जाए। अगली बार ऐसी गलती दोहराने पर नौकरी से बर्खास्त कर दिया जाए।
4. एम0पी0 / एम0एल0ए0 / आई0पी0एस0 / पी0सी0एस0 व अन्य अधिकारियों को किसी के भी द्वारा दिये गये उपहारों–धन को जनता की सम्पत्ति घोषित किया जाये।
5. जनलोकपाल समिति के 'जांच दस्ते' बनें। मिलावटखोर,

रिश्वतखोर, घोटाले बाज की टेलीफोन सूचना आधार पर यह समिति स्वतः जांच शुरू कर देवे तथा 2 माह में ही अपराधी/भ्रष्ट एम0पी0/ एम0एल0ए0/ आई0पी0एस0/ पी0सी0एस0/ कानूनविद, को जेल भेजें। सी0बी0आई0 को स्वतन्त्र करते हुये लोकपाल के अन्दर लाया जाये। लोकपाल को जांच करने व भ्रष्टचारी को गिरफ्तार करने की छूट हो व लोकपाल की फास्टट्रैक अदालत भी हो इनमें छः माह के अन्दर फैसला हो जाये। विसिल ब्लोअर व सिटिजन चार्टर लागू हो।

अंग्रेजी कानून खत्म हों–

6. अग्रेजी कानूनों को खत्मकर, कानूनों का भारतीयकरण करो।
7. भारतीयों को 2–3 माह में न्याय की व्यवस्था करो। न कि कानून के अनुसार फैसला।
8. देश में 5 हजार और न्यायालय बनाये जाये तथा 12 माह बिन अवकाश के न्याय की व्यवस्था होनी चाहिये।
9. जब तक देश की माली हालत में सुधार नहीं होता, जनसंख्या नियंत्रण कानून बने।
10. सरकारी कर्मचारियों एवं अधिकारियों पर ट्रांसफर की तलवार न लटकाई जायें। उनका मूल्यांकन उनके द्वारा किए गए विकास कार्यों से किया जाए। विकास कार्य करने के लिए, उसके लिये पैसा खर्च करने के लिए सरकारी अधिकारी को पूर्ण अधिकार हों। वित्त क्षमता वेतनमान की सीमा को आधार बना कर कानूनन प्रदान की जाएं। सारे अधिकार वित्तायुक्त के पास न हों
11. पुलिस एक्ट में सुधार हो। पुलिस डयूटी 8 घण्टे की कर दी जाये।
12. पुलिस संख्या दुगनी की जायेगी व पुलिस को मुख्य तीन ग्रुप में बाँटा जाये जनता सुरक्षा में, वी.आई.पी. सुरक्षा में, जांच पुलिस समूह में। पुलिस की ट्रैनिंग मे आध्यात्मिक शिक्षा, योग

शिक्षा भी हो।

13. प्रत्येक घरहीन परिवार को प्लाट दिया जाना चाहिए। जोकि दूसरे व्यक्ति को स्थानान्तरित न हो सके।

14. गरीबों–गांव के न्याय के लिये 'मोबाइल न्यायालयों' की व्यवस्था कर गांव–गांव जाकर न्याय दिये जाये।

15. भ्रष्ट नेता, आई.ए.एस./पी.सी.एस. आदि के लिये सजाए काला पानी का कानून (अन्डोबार निकोबार मे जेल) बनवाये।

मैकाले शिक्षा पद्धति खत्म हो–

16. शिक्षा का भारतीयकरण हो, उच्चशिक्षा, शोध कार्य, हिन्दी, संस्कृत एवं अन्य भारतीय भाषाओं में शुरू किये जाये।

17. केन्द्र सरकार प्रत्येक तहसील में आश्रम आधारित शिक्षा शुरू करे।

18. कक्षा 5 तक अंग्रेजी विषय या अंग्रेजी में कोई भी विषय न पढ़ाया जाये, केवल राष्ट्रीय भाषा एवं क्षेत्रीय भाषा में पढ़ाई हो।

19. हमारे देश में विशेषकर मुस्लिम समाज में महिलाओं का शिक्षा का स्तर बहुत कम है अतः महिलाओं के लिये विशेष तौर पर विद्यालय एवं महाविद्यालय, 5000 जनसंख्या पर एक कालिज, खोल शिक्षा स्तर ऊंचा उठाया जाये। यह कार्य तुरन्त शुरू होना चाहिए।

20. संस्कृत, भारतीय संस्कृति–सभ्यता और विज्ञान, योग, आध्यात्म एवं पर्यावरण की शिक्षा कक्षा 3 से अन्तिम कक्षा तक अनिवार्य विषय के रूप में पढ़ाये जायें।

21. सभी गैर सरकारी स्कूलों में 50 प्रतिशत गरीब विद्यार्थियों का निशुल्क प्रवेश अनिवार्य किया जाये, छात्रावास का खर्च भी न लिया जाये।

22. प्रत्येक राज्य को आदेश हो कि सरकारी स्कूल/कालिजों में प्रति 50 छात्रों पर एक सरकारी अध्यापक आवश्यक हो।

23. प्रत्येक तहसील में केन्द्रीय विद्यालय हो।

24. प्रत्येक प्राथमिक पाठशाला का आधुनिकिरण किया जाये, इसके तहत प्रत्येक स्कूल मे कम्प्यूटर शिक्षा, प्रोजेक्टर के द्वारा शिक्षा तथा इन्टरनेट द्वारा दूरस्थ शिक्षा का प्रबन्ध के साथ ज्ञान विज्ञान को लघु प्रयोगशाला स्थापित करते हुए प्रत्येक स्कूल में कम से कम 6 अध्यापक अवश्य हों।

25. प्रत्येक ब्लाक मे आश्रम आधारित शिक्षा पध्दति स्कूल/गुरूकुल आदि को सहायता। केन्द्र सरकार द्वारा राज्य सरकार को एक ब्लाक मे एक को सहायता होगी।

26. प्रत्येक जिले मे एक केन्द्रीय आई.टी.आई./पोलिटेक्निक कालिजों की स्थापना तथा 6 माह तक की शिक्षा उद्योगों में होगी या पोलिटेक्निक कालिज में उद्योग स्थापित होगे।

27. प्रत्येक सरकारी स्कूल/कालिज में विज्ञान की प्रयोगशाला स्थापित करने मे केन्द्र सरकार सहायता देगी।

28. पूरे देश को शिक्षा के हिसाब से 14 जोनों में बाँट कर प्रत्येक जोन मे एक अन्ताराष्ट्रीय शहर स्थापित करेगे। इन शहरों के विश्व विद्यालयों मे उच्च शोधों को विश्व के विभिन्न देशों से सन्धि करेगे।

29. गैर हिन्दी राज्यों के प्रत्येक ब्लॉक मे केन्द्रीय विद्यालय स्थापित करेंगे।

30. प्रत्येक विद्यार्थी के लिए एन.सी.सी./एन.एस.एस./स्काउट/खेल, योग अनिवार्य हो।

31. प्रतिभा को विज्ञान में लाने क लिए कक्षा 12 के बाद वैज्ञानिक परीक्षा हो देश के 100 अव्वल छात्रों को विज्ञान प्रौद्योगिकी के विभिन्न संस्थाओं मे वैज्ञानिक तैयार करें। इन छात्रो को छात्रवृति दी जाए तथा प्रत्येक वर्ष छात्रवृति में बढोतरी की जाए। छात्र इन संस्थानो से पी.एच.डी. करके निकलेंगे।

किसान मजदूर के लिये–

32. किसान की फसल भाव उसकी खेती में लागत एवं उसकी भूमि मूल्य–ब्याज के आधार पर निर्धारित की जाये।

33. भूमि अधिग्रहण कानून जो कि अंग्रजों ने भारतीयों की भूमि हडपने के लिए बनाया था रद्द हो तथा चकबन्दी के नाम पर फ्री में अधिग्रहण की जाने वाली भूमि कानून को भी रद्द किया जाये।

34. असिंचित कृषि भूमि पर सरकारी टूयबवैल, नई नहरों झील–तालाब जल द्वारा कृषि भूमि की सिंचाई की व्यवस्था की जाये। गांव के प्रत्येक तालाब, झील पर सरकारी टयूबवैल बने (2500 जनसंख्या पर एक तालाब) इससे किसानों को कृषि सिंचाई को 5 रू0 घण्टा पानी मिले।

35. संकर बीज, प्रतिबन्धित खादों, खतरनाक कीटनाशकों के नाम पर हो रही किसान की लूट–विनाश खत्म हो। ऐसी दवा, बीज बनाने वाले, बेचने वालों को कम से कम आजीवन कारावास की सजा मिले।

36. प्रत्येक तहसील में कृषि विज्ञान केन्द्र खोले जाये तथा वहां किसान प्रशिक्षण व उन्नत किस्म के बीजों को सस्ते में किसानों को दिया जाये।

37. प्रत्येक बूढ़े व्यक्ति को पैंसन देने तथा बेरोजगारों को बेरोजगारी भत्ता देने का प्रावधान हो।

38. प्रत्येक गांव को अपनी वेबसाइट के द्वारा जोड़ा जाये तथा इस वेबसाइट पर वहां की वनस्पतियों पशुओं, मतदाताओं की सूची भी दी गयी हो। प्रत्येक गांव में गौचर तथा वन्य भूमि (कम से कम 5–5 एकड़) छोड़ी जाये।

39. प्रत्येक तहसील, जिला शहर के पास छोटी बडी झील बनाकर इसे प्रत्येक वर्षा, नदियों को जोड़ने वाली नहरों के द्वारा, वर्षा जल से भरा जाये। इन स्रोतों के चारों ओर पेड़ पौधे लगाकर, चिडियाघरों की स्थापना की जाये। जिससे यह क्षेत्र पिकनीक (Eco Tourism) का कार्य भी कर सके। इसके प्रत्येक घर के साथ जमीन में बोर लगाकर वर्षा के पानी से रिचार्ज करने का

प्रावधान किया जाए, ताकि जलस्तर न घटे एवं भूमि के अन्दर से पेय जल प्राप्त हो सके।

40. देश में बंजर–बेकार पड़ी 50 लाख एकड़ भूमि पर कृषिवानिकी, खेती की शुरूआत की जाये।

41. प्रत्येक गरीब मजदूर किसान को एक–एक भारतीय नस्ल की दूध देने वाले गाये दी जाये। गाय भारतीय अर्थव्यवस्था का मूल है। गाय का घी दूध उनके कुपोषण को दूर करेगा, प्रत्येक गांव मे गोबर गेस प्लान्ट तथा गोबर की खाद बनाने का कारखाना लगाया जाए। गोबर से मिथेन गैस पैदा होती है जोकि मोटर कार चलाने में तथा रसाई घर में प्रयुक्त की जा सकती है। गोबर की खाद जैविक खाद का काम करती है जो कि भूमि की उर्वरा शक्ति बढाने में उपयोगी है। गरीब लोग अपनी गाय के गोबर को गांव के गैस प्लान्ट में बेच कर पैसा भी कमा सकते हैं। गोमूत्र ओषधि बनाने तथा बढिया किसम के कीटनाशक बनाने के काम आता है। गोमूत्र से ओषधि बनाने तथा कीटनाशक बनाने के कारखाने भी प्रत्येक तहसील में तगाए जा सकते हैं जहां गांव का गरीब आदमी अपनी गाय का गोमूत्र बेच कर पैसा कमा सकता है।

42. किसान आयोग बने, कृषि बजट अलग से पेश हो।

43. प्रत्येक ब्लॉक मे मण्डी हो जिससे कि किसान को 2–3 किमी से अधिक दूर न जाये अपनी फसल सब्जी, फल, अनाज बेचने के लिए।

44. प्रत्येक मण्डी मे जैविक साग सब्जी में शुद्धता की प्रतिशतता को, नापने, दूध और दूध के उत्पादों शद्धता, मसाले, रसोई के खाद्य पदार्थो की शुद्धता नापने पहचाने का प्रत्येक मण्डी मे एक प्रयोगशाला स्थापित हो। अधिकतर किट आधारित टेस्टिंग हो ताकि घर पर भी रसोई के खाने पीने के समान की टेस्टिंग कर सके आम आदमी।

45. किसानों को नरेगा योजना के तहत मजदूर उपलब्ध कराया जाये। जिसमें 100 रू० सरकार व 100 रू० किसान मजदूरी के रूप में सरकार के माध्यम से मजदूर को देगा।

गरीबी उन्मूलन के उपाय–

46. प्रत्येक 12–15 गांवों के बीच किसान बाजार जिसमें कॉलिज, स्कूल, बैंक, डीजल पम्प, छोटा अस्पताल तथा इन 14 गांवों पर एक एम्बूलेंस, जो गांव–गांव जाकर स्वास्थ्य परिक्षण आदि करे। यह जिम्मेदारी सांसद की होगी।

47. डा0 अब्दुल कलाम की PURA योजना को लागू किया जाये। जिससे गांवों के पास (2–3 किलो मीटर पर) ही सभी शहरी सुविधायें मिल सकें।

48. कन्या शादी को 1 लाख धन, जिसे माता के खाते में 'कन्या शादी बीमा' रूप में दिया जाये। विधवा/तलाक शुदा औरतों को कम से कम 2000 रू0/प्रति माह पैंशन, यदि बच्चे भी हो तो 3000 रू0/ प्रति माह पैंशन देवें। प्रत्येक गांव (2500 जनसंख्या पर) में 1 लघु उद्योग (7–8 लोगों का) स्थापित कर उसमें विधवा, अपंग, बेरोजगार नौजवानों को रोजगार दिया जाये।

49. अति गरीब (40–50 करोड) परिवारों को, प्रशिक्षित कर रोजगार, नौकरी दी जाये। इन कार्यो को 1–5 वर्षो में पूरा किया जाये। ताकि वे अपने रहने, वस्त्र, अन्न, पढाई, दवाई की व्यवस्था जुटा सकें।

सुरक्षा–

50. दूसरे देशों से लगी सीमाओं को चौबन्द किये जाये ताकि दुश्मन तथा आतंकी अनाधिकृत प्रवेश न पा सकें।

51. बांग्लादेश–पाकिस्तान आदि पहाड़ी क्षेत्र की समाओं पर चीन की दीवार की तरह चौड़ी दीवार बनायी जाये। इसके लिये 1 लाख करोड़ का बजट अलग से पास हो।

52. देश की सुरक्षा के लिए भूमिगत हवाई अडडे व शोध प्रयोगशाला बने। लाखो वर्षो तक खत्म न हो सकने वाली पुस्तकों का निर्माण हो, जिससे परमाणु युद्ध, सृष्टि विनाश पर भी विज्ञान सुरक्षित रहे।

53. जीयो स्टेशनरी जासूसी सैटेलाइट की एक लम्बी श्रंखला आकाश मे स्थापित की जाये। इन सबके लिये सरकार 5 हजार करोड़ रूपये इसरो को दे।

54. देश के प्रत्येक सैनिक जवान व पुलिस का कार्य (अपने गांव व कस्बे में) लोगों की सहायता से सूचना एकत्र करने का भी होगा, देश की सुरक्षा, भ्रष्टाचार उन्मूलन के लिये इस सूचना के बदले लोगों को गुप्त रूप से ईनाम भी दिया जाये।

उद्योग–

55. स्वदेशी के बढावे के लिये नवयुवकों को स्वदेशी केन्द्र खुलवाये जायें। एक लाख युवकों को 3 लाख रूपये तक का लोन देकर गांव गांव कस्बे में इस प्रकार का कार्यक्रम चलवाया जाये तथा स्वदेशी वस्तुओं की पैकिंग के उपर विशेष निशान लगाया जाये जिससे आम आदमी स्वदेशी व विदेशी समानों की पहचानों कर सके।

56. स्वदेशी तकनीक की गुणवत्ता बढ़ाने के शोध योजानाएँ बनाई जायें तथा विभिन्न शोध संस्थानों को शोध कार्य सोंपा जाये।

57. शून्य तकनीकी वाली बनी वस्तुओं को बृहद उद्योगों एवं एम0एन0सी0 (बडी व विदेशी कम्पनी) में न बनने दिया जाये। इसका अधिकार केवल स्वदेशी लघु उद्योगों को दिया जाये।

58. मुस्लिम युवाओं को अरब व अन्य देशों में टैक्निशियन की नौकरी पर अधिक से अधिक भेजने को पार्ट टाईम ट्रेनिंग डिप्लोमा देखकर उन देशों में भेजने को विशेष प्रबन्ध किये जाये। सभी `ापससमक लोगों कक सर्टिफिकेशन की व्यवस्था की जाए ताकि उनको रोजगार के अधिक से अधिक अवसर देश में तथा विदेश में मिल सकें।

59. प्रत्येक जेल को आश्रम रूप में विकसित कर वहां अलग से लघु उद्योग (हाथ का बना समान–इलैक्ट्रानिक समान बनाना) लगवायें, वहां योग अध्यात्म केन्द्र खुलवाये।

60. जो वस्तुएं लघु–उद्योग मे बन सकती है उन्हे बड़े उद्योग एम. एन.सी. में बनाने पर रोक लगाई जाये।

61. सभी टैक्स समाप्त कर केवल 6% आयकर तथा 6% VAT लगाया जाए।

62. प्रत्येक गाव मे डेरी उद्योग को बढावा व अन्य लघु उद्योग स्थापित करेंगे।

63. प्रत्येक ब्लाक मे गौशाला खुलवाकर जैविक खाद कीटनाशक बायो गैस दुग्ध उत्पादको को बढावा देंगे। इस कार्य को बेरोजगार युवको को प्रशिक्षित करें।

64. गावों मे जो भी नौजवान देशी गाय आधारित डेरी उद्योग लगवायें उन्हे 80 प्रतिशत सब्सिडि सरकार देगी (2 लाख रू० तक एक गांव मे)। समूह में रूपये 25–30 लाख तक कर मुक्त लोन दें।

65. प्राचीन भारतीय उद्योगों, हथकरघा उद्योग, शिल्प कलाओं के विकास हेतु कदम उठाये जायें।

66. प्रत्येक राज्य मे एक केन्द्रीय शहर बसाये जायें इनके पास उद्योग कारखाने भी हों इन शहरो को नहर द्वारा जोड़ें।

समाज सुधार–

67. पशुबली, नरबलि करने वाले को मृत्युदण्ड दिया जाये।

68. प्रत्येक जिले में बन्दीग्रह (जेल) स्थापित की जाये। जेलों में आध्यात्म शिक्षा, योग शिक्षा, प्रौढ़ शिक्षा के साथ–साथ वहाँ लघु उद्योगों को भी स्थापित किया जाये।

69. आरक्षण जाति के आधार पर नहीं अपितु गरीबी के आधार पर दिया जाये वो भी सबसे पहले 'परिवार नियोजन' अपना चुके परिवार को।

70. शादीयों मे एक रू० की शादी का कानून हो। शादी मे वृहद भोज पर पाबन्दी का कानून।

71. 50 हजार रूपये आमदनी वाले परिवार के हर मुस्लिमो को परिवार नियोजन अपनाने पर 50 हजार रू0 इनाम।

72. जात पात छोड़ो देश को जोड़ो। परिवार सहमति पर अर्न्तजातीय अन्तर्धर्म विवाह करने वाले को 1 लाख का ईनाम दिया जाये, तथा सरकारी नौकरी में आरक्षण दिया जाए। लेकिन एक गोत्र एवं एक गांव में विवाह अवैधानिक घोषित किया जाये।

73. 30 हजार से भी ज्यादा अंग्रेजी कानून हटवाकर कानूनों का भारतीयकरण होगा।

74. पाखण्डी झाड फूंक वाले बाबाओं, ठगों को बिन शिकायत के भी अपने स्तर पर जांच कर सरकार जेल भेजे।

राष्ट्रभाषा प्रचार प्रसार—

75. गौ—गंगा—गुरूकुल बचाओ' अभियान के तहत प्रत्येक ब्लाक में एक आश्रम आधारित गुरूकुल गौशाला शुरू करना व गंगा सफाई व प्रदूषण रोकने को विशेष अभियान।

76. संस्कृति प्रचार के उपदेश महाविद्यालय खोलें तथा भारतीय संस्कृति का प्रचार प्रसार प्रत्येक देश मे करें।

77. गैर हिन्दी भाषी राज्यों मे कक्षा 1 से हिन्दी लेने वाले विद्यार्थियों को (हिन्दी प्रचारिणी संगठन) छात्रवृति का कार्यक्रम शुरू करें तथा हिन्दी भाषी राज्यों में विद्यार्थी संस्कृत विषय पढें तो छात्रवृति होनी चाहिए।

78. गुरूकुल मे पढे, गैर हिन्दी भाषी राज्यो मे संस्कृत विषय लेकर पढे विद्यार्थियो को नोकरी मे आरक्षण होना चाहिए।

79. चुने गये सांसद यदि हिन्दी लिखें—बोलेंगे तो 10000 रू/माह तनख्वा अधिक कर देनी चाहिए।

80. प्रत्येक राज्य मे एक उस भाषा मे एक आर्ट एवं साईंस—टैक्नॉलाजी विश्वविद्यालय की स्थापना जिसमें मानविकी —विषय, प्रौद्योगिकी की पढाई शोध उस राज्य की भाषा में ही

हो। वहां के विद्यार्थियो का नौकरी में आरक्षण होना चाहिए।

81. देश की एकता व अखण्ता के लिये गैर हिन्दी राज्यो में हिन्दी पढ़ना तथा हिन्दी भाषी राज्यों में स्कूल में विद्यार्थीयों को एक अन्य गैर हिन्दी (जैसे गुजराती या तमिल, तेलगु, बंगला) पढ़ना अनिवार्य किया जाये।

82. उपर्युक्त सभी के लिए हिन्दी/संस्कृत प्रचार मंत्रालय स्थापित हो।

83. वेदों व संस्कृत साहित्य में सुरक्षित ज्ञान–विज्ञान के शोध के लिये "वैदिक विज्ञान शोध संस्थान" की स्थापना हो।

स्वास्थ्य सेवा–

84. एम0बी0बी0एस0/बी0ए0एम0एस0/एम0डी0एम0एस0 की डिग्री तब दी जाये जब वह ग्रामीण क्षेत्र में 1 वर्ष अपनी सेवा दे चुका हो, ऐसा कानून बने।

85. प्रत्येक ब्लाक में एक सरकारी अस्पताल खुले तथा तहसील स्तर पर केन्द्रीय चिकित्सालय खोला जाये। जिला शहर में बड़ा केन्द्रीय अस्पताल खुले।

86. प्रत्येक जिले में एक डिप्लोमा आयुर्वेद कॉलिज खुले इसी प्रकार पशु आयुर्वेद डिप्लोमा कोर्स कॉलिज खुलवायें। प्रत्येक गांव में गोचर भूमि (2 एकड़ 2500 जनसंख्या पर) दिलवाकर प्रत्येक गांव में गौशाला, आश्रम, वैद्य योजना शुरू करवायें जिससे भारतीय संस्कृति की रक्षा हो सके।

87. प्रत्येक तहसील मे एक केन्द्रीय अस्पताल स्थापित करें।

88. प्रत्येक गुरूकुल/स्कूल (एक ब्लाक मे एक) में स्वास्थ्य परीक्षण की प्रयोगशाला स्थापित करने की सहायता दें।

89. बी.ए.एम.एस. परीक्षा अलग से केन्द्रीय स्तर पर हो।

90. प्रत्येक जिले/तहसील मे एक इको पार्क में जड़ी बुटि नर्सरी की स्थापना को सहायता दें।

91. बी.ए.एम.एस. / एम.बी.बी.एस. / बी.वी.एस.सी. की तरह डिप्लोमा कोर्स शुरू करायें।

92. प्रत्येक जिले मे जड़ी बूटी व उपयोगी खरपतवार सम्बंधित पुस्तकें छपवाकर प्रत्येक गांव गांव मे दी जायें।

पर्यावरण सुरक्षा–

93. सभी नदियों को आपस में जोडने का कार्य प्रारम्भ किया जाए। सात बड़ी नदियों को सेना की देख रेख में छोड़ा जाये तथा यमुना व गंगा को अन्ताराष्ट्रीय नदी घोषित करवाय जाये।

94. नदियों के दोनों किनारे का 2–2 किमी0 के क्षेत्र में वन लगा कर जीव–जन्तु–पक्षियों के लिये आरक्षित किया जाये। गांव शहर के आवारा कुत्तों, बन्दरों आदि को इन्हें वन में छोड़ा जाये।

95. प्रत्येक ब्लाक में एक गौशाला खुलवायी जाये जिसमें 80 प्रतिशत धन सरकार खर्च करे तथा शेष 20 प्रतिशत बेरोजगार युवाओं को बैंक लोन के रूप में दिये जाये। यहाँ गौशाला में गौमूत्र एवं गोबर से जैविकखाद एवं जैविक कीटनाशक बनाये जायें तथा गोबर गैस प्लांट खोला जाए। सरकार द्वारा जैविक खेती का प्रचार–प्रसार किया जाये। इसी गौशाला संयत्र में बायोगैस किसान मजदूरों को दी जाये।

96. गावों में प्रत्येक परिवार को एक बैट्री वाला सौर ऊर्जा युनिट दिया जाये तथा सौर ऊर्जा आधारित ऊर्जा संयंत्र लगाये जायें।

97. सरस्वती नदी पर शोध कर वहा से नदी जल फिर से नहर आदि द्वारा चलवाया जाए। बड़ी नहरों, बड़ी नदियों द्वारा जल यातायात शुरू किया जाए।

98. स्वच्छ जल व नदियों में प्रदूषण करना / डालना अपराध माना जाये। ऐसे उद्योगों को बन्द कराकर आर्थिक व शारीरिक दण्ड दिया जायेगा।

99. सड़कों के दोनों किनारे औषधि वाले पेड़ पौधे लगाये जाये।

100. नहरों पर बाध बनाकर (अधिकतर जिलों में) 'मिनी विधुत प्लान्ट लगवाये जाएं।

101. 7 बड़ी नदियो को राष्ट्रीय नदियां घोषित करें तथा गंगा यमुना को अन्ताराष्ट्रीय नदी घोषित करवाया जाए।

102. प्रत्येक जिले मे इको पार्क में पवन ऊर्जा, सौर ऊर्जा घर स्थापित हों। इन इको पार्क मे ही वन्यजीव अभ्यारण्य पार्क व बड़े तालाब भी हों।

103. प्रत्येक वर्ष 2 प्रतिशत वनों की बढोतरी करें। वनों के विनाश पर एक दम रोक लगे। अग्रेजों के बनाए फारेस्ट एक्ट को तुरन्त प्रभाव से समाप्त किया जाए। फारेस्ट एक्ट में जनता, जो वनों की सुरक्षा करती है, को अपने निजि हित के लिए थोड़े बहुत वन काटने का अधिकार नहीं, बल्कि सरकार का जंगलों पर पूर्ण अधिकार है चाहे वह इसका दुरूप्योग ही क्यों न करें। आज हम जानते हैं कि देश में वन्य भूमि समाप्त हो रही है तथा वन विनष्ट हो रहें हैं जिससे पर्यावरण पर प्रतिकूल प्रभाव पड रहा है। फिर भी सरकार ने ITC (Indian Tobacco Company) को सिग्रेट बनाने के लिए वृक्ष काटने की अनुमति दे रखी है। जिस के तहत ITC कम्पनी हर वर्ष लगभग 1400 करोड़ वृक्ष काट देती है। यहां यह जानना आवश्यक है कि ITC कम्पनी का सार मुनाफा अमेरिका तथा ब्रिटेन को जाता है। इस प्रकार से सिग्रेट बनाने के नाम पर भारी संख्या में वृक्षों का दोहन किया जा रहा है। वैसे भी सिग्रेट बनाने की एवं पीने की कोई आवश्यकता नहीं जिसके लिए इतनी संख्या में वनों का दोहन किया जाए। इस सब को रोकना होगा।

104. देश के 100 स्थानों को चिह्नित करें जहाँ कृषि योग्य भूमि नहीं है वहाँ विद्युत, नहरों, वर्षा जल की व्यवस्था कर उद्योग नगरियां बसायें।

105. देश के अन्दर आवासीय, वन्य, गोचर, खेती एवं उद्योगों के लिए भूमि का सही आवश्यकतानुसार आबंटन किया जाए,

ताकि देश में वनों का विनाश न हो तथा पर्यावरण की सुरक्षा हो सके।

106. चिकनी मिटटी को रेगिस्तान में ले जाकर वहां बागवानी शुरू करें (एक क्विंटल चिकनी मिटटी काफी है एक पेड़ की जड़ों मे पानी रोकने के लिए)।

107. नदियों को नहरों द्वारा जोडें तथा नदियों के किनारे (1 किमी0) का क्षेत्र हरित क्षेत्र घोषित करें।

108. प्रत्येक जिले मे एक वन्यजीव अभ्यारण्य पार्क (100 एकड़ भूमि पर) स्थापित करें।

109. प्रत्येक परिवार को स्वयं की उर्जा उत्पन्न करने के लिये पवन ऊर्जा, सौर ऊर्जा उत्पन्न करने के यन्त्र लगवाये जाये।

भिक्षावृत्ति उन्मूलन–

110. प्रत्येक जिले मे शिक्षा वृत्ति उन्मूलन केन्द्र खोलें तथा भिक्षावृत्ति वालों के लिए आवासीय भवन व लघु उघोग स्थापित करें।

111. भिक्षावृत्ति करने वालों पर जनसंख्या नियंत्रण कानून के तहत एक बच्चे के बाद नसबंदी का कानून बनायें तथा उस एक बच्चे के पालन पोषण का खर्च केन्द्र सरकार द्वारा उठाया जाये। भिक्षावृत्ति वालों को बी.पी.एल. कार्ड के तहत अच्छे नर्सिंग होम में फ्री इलाज मिले। इनके लिये रोटी, कपड़ा, मकान, रोजगार, पढाई व दवाई योजना चलायें।

112. भिक्षावृत्ति खत्म करने को एन.जी.ओ. को बढावा दें/ देना चाहिए।

अन्य कार्य–

113. इण्डिया गेट पर अंग्रेजी सेना में शामिल सैनिकों के नहीं, अपितु क्रान्तिकारियों के नाम लिखे जायें।

114. प्रत्येक स्थान पर देश का नाम भारत लिखा जाये इण्डिया नहीं।

115. अंग्रेजों की गुलामी के प्रतीक रूप सभी संस्थानों एवं स्मृतिचिह्नों को नष्ट कर दिया जाए।

116. संसद में आम आदमी के बैठने की व्यवस्था होनी चाहिए। उपर प्रथम तल पर 500 कुर्सीयों की व्यवस्था सरकार को करनी चाहिए।

117. उत्तर प्रदेश राज्य को 4 राज्य में, तेलागाना राज्य व अन्य राज्यों को छोटे छोटे राज्यों के रूप मे विकसित करें।

118. 400–500 किमी प्रति घण्टा गति से चलने वाली बुलट ट्रैनो की लाइन बिछवायें।

119. प्रत्येक शहर, कस्बे के चारो और रिंग रोड बनायी जाये।

120. लद्दाख कश्मीर के पहाड़ी क्षेत्र के साथ–साथ अन्य क्षेत्रों मे रेलवे लाइन बिछवायें।

121. देश के एक कोने से दूसरे कोने तक ज्ञान प्रसार के लिए एक नेटवर्क बनाकर विज्ञान का प्रसार क्षेत्रीय भाषा में करें।

122. नर बली, पशु बली करने वाले तान्त्रिकों व आंतकवादियों को बीच चौराहे पर फांसी दी जाये।

123. प्रत्येक एम0पी0, एम0एल0ए0, पी0सी0एस0, आई0ए0एस0 आदि जिला तहसील स्तर तक के बड़े अधिकारियों की व उनके सम्बन्धियों की सम्पत्ति के जांच के लिये (पिछले 1970 से अब तक) अलग से आयोग बनाकर जांच की जाये। यह कार्य छः माह के अन्दर खत्म कर दिया जाये।

124. प्रत्येक तहसील एवं ब्लाक में खेल का मैदान (स्टेडियम) स्थापित करें इसके बाद प्रत्येक गांव में खेल का मैदान स्थापित करें।

125. जहां पर खाने (माइन्स) हैं उस राज्य से जो भी केन्द्र सरकार को धन प्राप्त हो उसमें से 80 प्रतिशत धन उसी राज्य के विकास को दे दिया जाये।

राजनीति के लिए सुझाव

राजनैतिक पार्टी के नियम

यदि आप व आपकी पार्टी (दल) वास्तव में देश के लिये कुछ चाहती है तो सबसे पहले आपको राष्ट्र को सच्चे राजनेता देने होंगे। अपनी पार्टी को एक निश्चित अनुशासन देना होगा। अपनी पार्टी से चुनाव लड़ने वाले हर सदस्य के सामने अपनी पार्टी के नियम बताने होगें। आपको अपनी पार्टी को और पार्टियो से अलग रखकर चलना होगा। धर्म जातिवाद पर न जाकर राष्ट्रीय समस्याओं के मुददे सामने लाकर कार्य करने होंगे। आप पार्टी में निम्न नियम बनावें–

1/पार्टी से चुनाव लड़ने वाले MLA/MP सदस्य की उम्र 25–60 वर्ष के बीच हो। 60 वर्ष से अधिक उम्र वाला व्यक्ति चुनाव न लड़े, वह केवल पार्टी का सदस्य बनकर समाज सेवा करे तथा पार्टी समिति में विभिन्न पदों पर रहें।

2/उसके एक या दो बच्चे हो, और अविवाहित व्यक्तियों को विशेष छूट हो। अविवाहित व्यक्तियों के लिए आरक्षण हो चुनाव लड़ने के लिए।

3/चुनाव लड़ने वाला व्यक्ति कम से कम स्नातक हो।

4/वह पिछले 5–7वर्षो से पार्टी का सदस्य अथवा कार्यकर्ता हो एवं पिछले 10 वर्षों से समाजिक कार्य भी कर रहा हो।

5/ किसी प्रकार का अपराधी न हो। इस बात का अपनी पार्टी की विजिलैन्स से पता लगवायें। सदस्य का चरित्र प्रमाण पत्र लेवें।

6/ जनता के बीच सर्वे कराकर ही MLA/MP का चुनाव लड़ने की पात्रता दी जाए।

7/मंत्री पद के दावेदार को कम से कम अपने विषय में विशेष योग्यता हो एवं 5 वर्षो का अनुभव भी हो।

8/अपनी पार्टी में 15% नौजवान लड़के लड़कियों को चुनाव

लड़ावें।

9/अपनी सम्पत्ति का एवं आमदनी के स्रोतों का विस्तृत ब्योरा देना जरूरी।

10/अपनी पार्टी द्वारा सत्ता में न रहते हुए भी कुछ अभियान चलावें, जैसे सफाई अभियान, साक्षरता अभियान, गरीबी उनमूलन अभियान, पर्यावरण रक्षा अभियान आदि।

11/चुनाव जीतने के बाद भी हर सदस्य कम से कम 6 माह में एक बार गांव/अपने क्षेत्र में अवश्य जावे। यह अपनी पार्टी का नियम बना दो। यदि वह चुनाव न भी जीता हो तो भी जाये। MLA/MP का टिकट पहले से ही (एक वर्ष पूर्व) निश्चित हो।

12/हर MLA/MP साल के अन्त में जनता को भी सरकार से प्राप्त रुपये का ब्योरा जनता/ पार्टी को देवे।

13/चुनाव लड़ने के लिये उस MLA/MP का खर्च पार्टी फंड से तथा जनता के बीच से एकत्र धन से होवे । MLA/MP का रुपया 10–20 हजार ही खर्च करवाया जाए। इससे गरीब, ईमानदार लोगों को भी चुनाव लड़ने का मौका मिलेगा।

14/पार्टी का अपना लोकपाल होगा। प्रत्येक वर्ष MP/MLA के धन की जांच होगी तथा चुनाव लड़ने से पूर्व पूर्ण जांच होकर, जनता के बीच सर्वे कराकर पार्टी कार्यकर्ताओं के द्वारा चुनाव कराकर टिकट दिया जाएगा।

15/पार्टी अध्यक्ष उद्योगपति नहीं बनेगा, उसका व्यापार से सम्बन्ध नहीं होगा। प्रधानमंत्री, राष्ट्रपति भी उद्योगपति नही बनेगा।

16/पार्टी अध्यक्ष 2 योजनाओं से अधिक नही बन पायेगा।

आखिर में आप सोच रहे होंगे कि अब हम क्या करें? तो आप इस पुस्तक को पढ़कर अन्य व्यक्तियों को जागरुक करें। अलग–अलग जाति–धर्म के व्यक्तियों को समझाएं कि देश की राजनीति ठीक होने पर ही इस देश का भला होगा, जनलोकपाल आने पर ही भ्रष्टाचार पर बहुत हद तक काबू पाया जा सकेगा व इस जनलोकपाल के कारण अधिकारी समय पर बिना रिश्वत के कार्य करेगें, तथा तीसरी बात कि यदि भ्रष्ट राजनेताओं व अन्यों द्वारा देश का धन उनकी जेबों तथा विदेश मे न जाकर देश के

विकास में खर्च हो तभी हम विकास कर पायेंगे तभी लोग सुखी जीवन जी पायेगें। कृपया ऐसा प्रचार आप करें तथा शपथ लें कि आप कम से कम 100 लोगों को इसके बारे में बताएंगे। उन्हें पूर्णतः जागरुक करेंगे। आप इस प्रकार की पुस्तकों का सेट लाकर व्यक्तियों को उपहार स्वरुप भेंट देवें तो देखना कि आपके आस–पास के रिश्तेदारियों में, गांव में एक नया माहोल बनने लगेगा तथा आपको अच्छा लगने लगेगा कि आपने बहुत बड़े समाज–क्षेत्र में न सही लेकिन अपनी क्षमता, दायरे अनुसार प्रचार कर, लोगों को जागरुक कर एक नया माहौल तैयार कर रहे हैं। इसके और बहुत सारे सुखद समाचार आपको आने वाले समय में मिलने लगेंगे । अतः निश्चित कर 1 घण्टा प्रतिदिन देश के लिए, अच्छी बातों के प्रचार के लिए अवश्य निकालें।

–विश्वास पत्थर को पिघला भी देता है और तैरा भी देता है।

–अपना मूल्य समझो और विश्वास करो कि तुम संसार के सबसे महत्वपूर्ण व्यक्ति हों।

–समाज को दुष्ट व्यक्ति की दुष्टता समाप्त नही करती, बल्कि अच्छे लोगो की निश्क्रियता करती है।

–जब बुरे व्यक्ति संगठित हो जाते हैं तब अच्छे व्यक्तों को भी मिल जाना चाहिए अन्यथा वे एक–एक करके पराजित हो जायेंगे।

–बढ़ेगा देश, समृद्ध होगा देश यदि बदले सुधरे ये तीन– नेता, कर व कानून।

Rupee Crisis and Its Solution

Dear friends! Indian Rupees is going down and down. There are two reasons of it. First reason is that we have taken lot of loan. Nearlty 9.2 Billion dollar loan is on our heads which is equal to Rupees 61 lakh crores. We have reached such a condition that we are not able even to pay the interest. We had to take loans even to pay the interest. Thus we are always under pressure of our debtors to devaluate our Rupee. The plea for devaluation of Rupees is given by debtors, who are guided by a particular school of economic thought at World Bank and IMF, that if we devaluate our currency, we shall be able to increase our exports and thus earn more Dollars to repay for our loans and interests. But this is a misplaced idea. The developed countries want the raw material supplier countries to devaluate their curriences so that they may get raw materials at througaway prices and sell their end products at sky high rates. If we take the example of our own country, we are also a raw material supplier country, as we are rich in natural resources. With one Dollar rate equaling 70 Rupees, our raw material will be sold in the world market at a rate 70 times lower than that of Dollar. If we make purchases of end products from world markets, we are forced to pay 70 times higher rates than that of Dollar. Thus, both way we are at the receiging ends. There is no specific reason for appreciation of the value of Dollar and depreciation of the value of Rupee. The value of Dollar or Rupee is not assessed by the Gold reserves present in the concerned countries, rather it is the tactics of USA that the Dollar rates are going up and up even after lot of recession in USA.

Here it may be reminded that the Dollar is enriched by petrol only.This is called Derivative Trading. America has stopped valuing its Dollar with Gold 70 years ago.

Americans understood that Petrol is equally valuable as Gold so they made Agreement with all the Middle East countries to sell petrol in Dollars only. That is why Americans print their Dollar as 'LEGAL TENDER FOR ALL DEBTS,

PUBLIC AND PRIVATE'. This mean if you don't like their American Dollar and go to their Governor and ask for repayment in form of Gold, as in India, they won't give you Gold.

You can observe Indian Rupee. "I promise to pay the bearer a sum of Rupees..." is clearly printed along with the signature of Reserve Bank Governor. This means, if you don't like Indian Rupee and ask for repayment, Reserve Bank of India will pay you back an equal value of gold. (Actually there may be minor differences in the transaction dealing rules, but for easy comprehension this is explained).

Let us see an example. Indian petroleum minister goes to Middle East country to purchase petrol, the Middle East petrol bunk people will say that liter petrol is one Dollar.

But Indians don't have Dollars. They have Indian Rupees. So what will happen? The Indian Minister will ask America to give Dollars. American Federal Reserve will take a white paper, print Dollars on it and give it to the Indian Minister. Like this we get dollars, pay it to petrol bunks and buy petrol.

But there is a fraud here. If you change your mind and want to give back the Dollars to America, we can't demand them to pay Gold in return for the Dollars. They will say "Have we promised to return something back to you? Haven't you checked the Dollar ? We clearly printed on the Dollar that it is "This Note is a Legal Tender for all Debts, Public and Private". So, Americans don't need any Gold with them to print Dollars. They will print Dollars on white papers as they like.

But what will Americans give to the Middle East countries for selling petrol in Dollars only?

Middle East kings pay rent to America for protecting their kings and heirs. Similarly they are still paying back the Debt to America for constructing Roads and Buildings in their countries. This is the value of American Dollar. That is why many say some day the Dollar will crash.

The present problem of India owes mainly to buying those American Dollars. American white papers are equal to Indian Gold. So if we reduce the consumption of petrol and cars, Dollar will come down. Please stop using cars except for emergency. Definitely Dollar rate will come down. This is true.

In addition to above, one more step can be taken by all of us to srengthen Indian Rupee.

YOU CAN MAKE A HUGE DIFFERENCE TO THE INDIAN ECONOMY BY FOLLOWING FEW SIMPLE STEPS.

Here's a small example:

In 1947 1 US $ = INR 01.00

In August 2008 1 US $ = INR 39.40

In August 2013 1 US $ = INR 63.50

Estimated 1 $ by end of the year = INR 70.00

Do you think US Economy is booming? No, but Indian Economy is Going Down. Nobody is responsible except us and the Govt.!

Our economy is in your hands. INDIAN economy is in a crisis. Our country like many other ASIAN countries, is undergoing a severe economic crunch. Many INDIAN industries are closing down. The INDIAN economy is in a crisis and if we do not take proper steps to control this, we will be in a critical situation. More than 30,000 crore rupees are being siphoned out of our country while buying foreign products such as cosmetics, snacks, tea, beverages, etc. which are not hitech items and are also grown and produced in our country.

A cold drink that costs only 70- 80 paise to produce, is sold for Rs.12 and a major chunk of profits from their sale goes abroad. This is a serious drain on INDIAN economy. We have nothing against Multinational companies, but to protect our own interest we request everybody to use INDIAN products only at least for the next two years. With the rise in petrol prices, if we do not do this, the Rupee will devalue further and we will end up paying much more for the same products in the near future.

What you can do about it?

Buy only products manufactured by WHOLLY INDIAN COMPANIES. Each individual should become a leader for this awareness. This is the only way to save our country from severe economic crisis. You don't need to give-up your lifestyle. You just need to choose an alternate product.

Daily products which are COLD DRINKS, BATHING SOAP, TOOTH PASTE, TOOTH BRUSH, SHAVING CREAM, BLADE, TALCUM POWDER, MILK POWDER, SHAMPOO, Food Items etc. All you need to do is buy Indian goods and make sure Indian rupee is not crossing outside India.

Every INDIAN product you buy makes a big difference. It saves INDIA. Let us take a firm decision today. Hereunder we are giving a list of Indian products to be used instead of foreign products, e.g.

1. **Cold drinks**: A Cold Drink produced for 70-80 paisa sold at Rs. 9-10! Stop drinking them, go to soda shops drink lemon juice, lassi etc. instead of coke, pepsi, limca.

2. **Soaps**: Use soaps of Khadi Gramodyoga, Baba Ramdev, Cinthol, Santoor, Medimix, Neem, Sandal, Homacol, Jasmine, Nirma Bath, Margo, Wipro, Park Avenue, Swatik, Ayur Herbal, Kesh Nikhar, Hair & Care, Arnica, Velvet, Dabur Vatika, Bajaj, Nyle, Lavender, Godrej instead of lux, Lifebuoy, Rexona, Liril, Dove, Pears, Hamam, Lesancy, Camay, Palmolive, Breez, Ponds, Clearsil, Dettol, Nicco, Colgate, Palmolive, HUL(Lux, Clinic, Sunsilk, Revlon, Lakme), Proctar & Gamble (Pantent, Medicare), Ponds, Old Spice, Shower to Shower, Head & Shoulders, Johnson Baby, Vivel.

3. **Toothpaste**: Use Neem, Babool, Vicco, Dabur, Promise, Dant Kanti, Dant Manjan, MDH, Baidyanath, Gurukul Pharmacy, Choice, Anchor, Meswak instead of colgate, Close up, Pepsodent, Cibaca, Aquafresh, Amway, Quantum, Oral-B, Forhans.

4. **Toothbrush**: Use Prudent, Aajanta, Promise, Ajay, Ajanta, Royal, Classic, Dr. Strock, Monate instead of Colgate, Close up, Oral-B, Pepsodent, Forhans, Aquafresh, Cibaca.

5. **Shaving cream**: Use Godrej, Emami, Vjohn, Park Avenue, Premium, Balsara, Nivea instead of Palmotive, Old spice, Gillete, Denim.

6. **Blade**: Use Supermax, Topaz, Laser, Ashoka, Gallant, Esquire, Silver Prince, Premiumm instead of 7Oclock, 365, Gillete, Wilman, Wiltage.

7. **Talcum powder**: Use Santoor, Gokul, Cinthol, Boroplusi Instead of Ponds, Old spice, Johnson, Shower to Shower.

8. **Milk Powder**: Use Indiana, Amul, Amulya, Verka instead of Anikspray, Milkana, Everyday milk, Milkmaid.

9. **Shampoo**: Use Nirma, Velvette, Patanjali (Kaya kanti, Kayakanti Aloevera), Nirma, Medimix, Neem, Nima, Jasmine, Mysore Sandal, Kutir, Sahara, Himani Glyscerene, Godrej (Cinthol, Fairglo, Shikakayi, Ganga), Wipro, Santoor instead of Halo, All clear, Nyle, Sunsilk, Head and Shoulders, Pantene, Hindustan Unilever (HUL) (Lux, Liril, Lifebuoy, Denim, Dove, Revlon, Pears, Rexona, Bridge, Hamam, Okay), Ponds, Detol, Clearsil, Palmolive, Amway, Johnson Baby, Vivel (ITC).

10. **Mobile connections**: Use BSNL, Airtel, Reliance instead of Vodafone, Docomo.

11. **Food**: Eat at Jay Bhavani, TGB, local restaurants instead of Macdonld, Subway, Pizza hut, KFC.

12. **Mobile**: Use Micromax, Karbonn, Virgin instead of Samsung, Apple, HTC, Sony, Nokia.

13. **Bikes:** Use Hero, Royal Enfield instead of Honda, Yamaha.

14. **Footwear:** Use Bata, Chavda instead of Nike, Reebok, Adidas, Converse.

15. **Jeans and shirts:** Use Spyka, K-lounge instead of Lee, Levis, U.S. Polo, Pepe, Benetton.

16. **Watch:** Use Titan, Sonata, Fasttrack instead of Tommy, Citizen, Zodiac, Tissot.

17. **Cold Drinks:** Use Rose Drink (Sherbat), Badam Drink, Milk, Lassi, Curd, Yoghurt, Chaach, Juice, Lemonade (Nimbu Paani), Coconut Water (Naariyal Paani), Shakes, Jaljeera, Thandai, Roohafza (Hamdard), Rasna, Frooti, Godrej Jumpin, etc instead of Coca Cola (Coke, Fanta, Sprite, Thumbsup, Limca, Goldspot), Pepsi (Lehar, 7up, Mirinda, Slice)

18. **Tea:** Use Tata, Brahmaputra, Aasam, Girnaar, Indian Cafe, M.R, and other Ayurvedic peyas or teas instead of Lipton (Tiger, Green Label, Yellow Label, Cheers), BrookBond(Red Label, Taj Mahal), Godfrey Philips, Polsan, Goodrick, Sunrise, Nestle, Nescafe.

19. **Child Food:** Use Honey, Boiled rice, Fruit Juice. Amul, Sagar, Tapan, Milk Care, etc. instead of Nestle (Lactogen, Cerelac, Nestam, L.P.F, Milkmaid, Eaveryday, Galtco), Glakso Smith Cline (Farex).

20. **Ice creams:** Use Homemade icecream/coolfi, Amul, Vadilal, Milk food instead of Walls, Quality, Cadbury, Dolps, Baskin & Robins.

21. **Salts:** Use Ankur, Saindha namak (Patanjali), Low Sodium & Iron-45 Ankur, Tata, Surya, Taja, Tara instead

of Annapurna, Captain Cook (HUL- Hindustan Unilever), Kisan (Brookbond), Pilsbury.

22. **Snacks:** Use Bikano Namkeen, Haldiram, Homemade chips, Bikaji, A One, etc. instead of Uncle chips, Pepsi (Ruffle, Hastes), Fun Munch, etc.

23. **Ketchup and Jam:** Use Homemade sauce/ketchup, Indana, Priya, Rasna, Patanjali (Fruit jam, Apple jam, Mix jam) instead of Nestle, Brook Bond (Kisaan), Brown and Palson.

24. **Biscuit:** Use Parle, Indana, Amul, Ravalgaon, Bakemens, Creamica, Shagrila, Patanjali (Aarogya biscuit), Amla Candy, Bel Candy instead of Cadbury (Bournvita, 5Star), Lipton, Horlicks, Nutrine, Eclairs.

25. **Water:** Use Home-boiled pure water, Ganga, Himalaya, Rail neer, Bisleri instead of Aquafina, Kinley, Beiley, Pure life, Ivian.

25. **Washing:** Use Tata Shudh, Nima, Care, Sahara, Swastik, Vimal, Hipolin, Fena, Sasa, TSeries, Dr. Det, Ghadi, Genteel, Ujala, Ranipal, Nirma, Chamko, Dip instead of HUL(Surf, Rin, Sunlight, Wheel, Okay, Vim), Arial, Check, Henko, Quantum, Amway, Rivil, Woolwash, Robin Blue, Tinapal, Skylark.

26. **Tonic**: Use Patanjali (Badam Pak, Chyawanprash, Amrit Rasayan, Nutramul) instead of Boost, Polson, Bournvita, Horlicks, Complan, Spurt, Proteinex.

27. **Oil:** Use Param Ghee, Amul, Handmade cow ghee, Kacchi Ghani Sarso ke tel instead of Nestle, ITC, Hindustan Uniliver (HUL).

28. **Cosmetics:** Use Patanjali (Kaya Kanti, Kaya Kanti Aloevera, Kantilep) Neem, Borosil, Ayur Emami, Vico, Boroplus, Boroline, Himani Gold, Nyle, Lavender, Hair & Care, Heavens, Cinthol, Glory, Velvet (Baby) instead of HUL (Fair & Lovely, Lakme, Liril, Denim, Revelon), Proctar & Gamble(Clearsil, Cleartone), Ponds, Old Spice, Detol, Charli, Johnson Baby.

29. **Garments:** Use Cambridge, Park Avenue, Bombay Dyeing, Ruf & Tuf, Trigger Jeans, Lakhani, Shreelathers, Khadim, khadi, Action instead of Rangler, Nike, Duke, Adidas,

Newport, Puma, Reebok.

30. **Watch:** Use Titan, HMT, Maxima, Prestige, Ajanta, Fasttrack instead of Baume & Mercier, Bvigari, Chopard, Dior, Franck Muller, Gizard-Perregaux, Hublot, Jaquet Droz, LeonHatot, Liadro, Longines, MontBlanc, Mocado, Piaget, Rado, Raymond Weil, Swarovski, TagHeuer, Ulysse Nardin, Vertu, Swatch, Rolex, Swissco, Seeko.

31. **Pen:** Use Camel, Kingson, Sharp, Cello, Natraj, Ambassador, Linc, Montex, Steek, Sangita, Luxor instead of Parker, Nickleson, Rotomac, Swissair, Add Gel, Ryder, Mitsubishi, Flair, Uniball, Pilot, Rolgold.

32. **Electronics:** Use Voltas, Videocon, BPL, Onida, Orpat, Oscar, Salora, ET&T, T-series, Nelco, Weston, Uptron, Keltron, Cosmic, TVS, Godrej, Brown, Bajaj, Usha, Polar, Anchor, Surya, Oriont, Cinni, Tullu, Crompton, Loyds, Blue Star, Voltas, Cool home, Khaitan, Ever ready, Geep, Novino, Nirlep, Elite, Jayco, Titan, Ajanta, HMT, Maxima, Alwin watch, Ghari, Bengal, Maysoor, Hawkins, Prestige pressure cooker and products of small scale and cottage industries instead of Samsung, LG, Sony, Hitachi, Haier.

33. **Computer & Tablets:** Use Amar PC, Chirag, HCL, MICROMAX, SPICE, Reliance, Carbonn instead of HP, Compaq, Dell, Microsoft, IPAD, Samsung, Motorola, Sony, LG.

34. **Online Shopping:** Use Flipkart, India Plaza, YeBhi, Myntra,Naaptol, Snap Deal, Home Shop18, book my Show, Make my trip, Yatra, vVia, Ibibo, Clear trip instead of Ebay, Jabong, Amazon, Expedia.

35. **Car:** Use TATA, Mahindra, Hindustan Motors instead of Maruti Suzuki, Hyundai, Chevrolet, Ford , Nissan.

Note: Don't use items from Hindustan Liver or Uniliver. It is a foreign company.

And we blame only politicians. Now go and check the things you use and ask yourself how much do you contribute to the decreased value of RUPEE.

None of the Indian products are subordinate in quality, they might look a bit less fancy!!

Why is china so ahead, because the whole world uses made in china items.

We Indians could atleast use made in India items!

Change comes from within! Start the change by simply changing your mobile network and spread the change by broadcasting this message to everyone on your contact list!

We did our part, you do yours and lets see within few months does 1 $ become Rs. 70 or it becomes Rs. 50.

We are not anti-multinational. We are trying to save our nation. Every day there is a struggle for a real freedom. We achieved our independence after losing many lives. They died painfully to ensure that we live peacefully. The current trend is very threatening. Multinationals call it globalization of Indian economy. For Indians like you and us, it is re-colonization of India. The colonist's left India then, but this time, they will make sure they don't make any mistake.

Russia, S.Korea, Mexico - the list is very long!! let us learn from their experience and from our history. Let us do the duty of every true Indian. Finally, it's obvious that you can't give up all of the items mentioned above, so give up at least as many items as possile for the sake of our country!

Let us inform friends! our government is weak and working under pressure of their debtors. They seem to be helpless to take steps for rejuvenation of Rupee and Indian Economy. They cannot pass a bill: Be Indian and buy Indian, as passed by USA, Russia and several other countries to save their economy from being collapsed. It is we people who have to take a lead and be awakened and make others awakened to create awareness about

Be Indian and buy Indian

www.ingramcontent.com/pod-product-compliance
Lightning Source LLC
Chambersburg PA
CBHW050545280326
41933CB00011B/1728